人力资源管理从入门到精通系列

培训管理实操

全程实战指导手册

立 主编

化学工业出版社
·北京·

内 容 简 介

《培训管理实操——全程实战指导手册》一书主要包括企业培训体系建立、培训需求分析、培训课程规划与开发、培训计划与经费预算、培训实施过程控制、培训评估、培训成果转化7章。

本书采用图文解读的方式,通过基本流程、内容解读的形式,并辅以小提示、范本、相关链接等栏目,让读者在轻松阅读中了解企业培训管理过程中的要领并学以致用。本书尽量做到去理论化、注重实操性,以精确、简洁的方式描述重要知识点,满足读者希望快速掌握绩效管理实操技能的需求。

本书可作为人力资源管理人员、企业培训管理相关工作人员的参照范本和工具书,也可供高校教师和专家学者作为实务类参考指南,还可以作为相关培训机构开展人力资源管理培训的参考资料。

图书在版编目(CIP)数据

培训管理实操:全程实战指导手册 / 何立主编. —北京:化学工业出版社,2021.10
(人力资源管理从入门到精通系列)
ISBN 978-7-122-39793-5

Ⅰ.①培… Ⅱ.①何… Ⅲ.①企业管理-职工培训-手册 Ⅳ.①F272.92-62

中国版本图书馆CIP数据核字(2021)第168907号

责任编辑:刘 丹 陈 蕾　　　　　装帧设计:小徐书装
责任校对:宋 玮

出版发行:化学工业出版社(北京市东城区青年湖南街13号 邮政编码100011)
印　　刷:三河市航远印刷有限公司
装　　订:三河市宇新装订厂
787mm×1092mm　1/16　印张12¾　字数257千字　2022年1月北京第1版第1次印刷

购书咨询:010-64518888　　　　　售后服务:010-64518899
网　　址:http://www.cip.com.cn

凡购买本书,如有缺损质量问题,本社销售中心负责调换。

定　　价:68.00元　　　　　　　　　　　　　　　　　版权所有 违者必究

前言

　　人力资源管理在企业管理中的作用变得日益重要。一个企业能否健康发展，在很大程度上取决于员工素质的高低与否，取决于人力资源管理在企业管理中的受重视程度。

　　人是企业拥有的重要资源，也是企业的核心竞争力所在。随着企业对人力资源的利用和开发，企业的决策越来越多地受到人力资源管理的约束。目前人力资源管理逐渐被纳入到企业发展战略规划中，成为企业谋求发展壮大的核心因素，也是企业在市场竞争中立于不败的至关重要的因素。人力资源管理的质量高低，直接影响到企业利润和企业的核心竞争力，人力资源管理变成了最优先级的战略性资源之一。

　　基于此，为了帮助人力资源管理工作者更好地完成本职工作，充分发挥人力资源管理工作在企业发展中的作用，我们组织有关专家学者编写了本书。

　　通过本书的学习，人力资源管理者可以全面掌握人力资源管理的各项技能，更好地开展人力资源管理工作。同时，本书可以作为人力资源管理入门者、中小企业管理者、各高校人力资源管理专业的学生、大型企业中层管理者自我充电、自我提升的学习手册和日常管理工作的指导手册，还可以作为相关培训机构开展岗位培训、团队学习的参考资料。

　　《培训管理实操——全程实战指导手册》一书主要包括企业培训体系建立、培训需求分析、培训课程规划与开发、培训计划与经费预算、培训实施过程控制、培训评估、培训成果转化7章。

本书由何立主编，参编的还有匡仲潇、刘艳玲。本书采用图文解读的方式，辅以章前概述、思维导图、范本等栏目，让读者在轻松阅读中了解培训管理的要领并学以致用。本书尽量做到去理论化、注重实操性，以精确、简洁的方式描述重要知识点，最大化地满足读者希望快速掌握培训管理技能的需求。

由于笔者水平有限，书中难免出现疏漏之处，敬请读者批评指正。

编者

目录

第一章 企业培训体系建立

培训的目的是通过提升员工的素质和能力,让员工更好地完成工作,达到公司经营目标,以实现公司、股东、员工、客户乃至社会的共赢。因此,培训体系的建立必须密切结合公司的实际和发展战略要求,并为公司培养符合企业发展战略的人才。

第一节　企业培训概论 3
 一、企业培训的意义 3
 二、企业培训的原则 5
 三、企业培训的分类 8
 四、企业培训的组成结构 9
 五、企业培训的定位 9

第二节　建设培训管理团队 10
 一、企业培训的职能 10
 二、培训机构的设置 12
 三、培训职责的划分 14

第三节　讲师队伍建设 17
 一、讲师的要求 17
 二、内部讲师的挑选与管理 19
 三、外部讲师的选聘与管理 20

第四节　培训制度建设 22
一、培训计划制度 23
二、培训上岗制度 23
三、培训奖惩制度 23
四、培训时间保证制度 23
五、培训经费单列制度 23
六、培训考评制度 23
七、培训质量跟踪制度 24
八、培训档案管理制度 24
　　范本　内部讲师管理制度 27
　　范本　企业员工培训考核制度 31
　　范本　企业培训档案管理办法 33
　　范本　业务培训质量跟踪报告 36

第五节　培训资源库 37
一、培训课程体系的建立 37
二、培训讲师体系的建立 38
三、培训资源共享网站的建立 39
四、培训设施的建设 39
五、培训管理信息系统 39

第二章　培训需求分析

培训需求分析实际上就是要找到公司的培训工作现状和想要达到的理想状态之间的差距。其根本目的就是决定是否需要进行培训以及谁需要进行培训，需要培训哪些内容。这些问题都是培训管理的基础。因此，培训需求分析的效果从根本上决定了培训是否有效和有收益。

第一节　培训需求分析概述 43
一、培训需求分析的目的 43
二、培训需求的层次分析 44
三、可能产生培训需求的时机 50

第二节　培训需求信息收集的方法 51
一、观察法 51

  二、现场取样法 52
  三、问卷调查法 54
    范本　××有限公司年度培训需求调查问卷（管理者适用版）............. 55
    范本　××有限公司员工个人培训需求调查问卷 58
  四、访谈法 61
    范本　××有限公司部门经理培训需求调查面谈问卷 62
  五、客户调查法 64
  六、资料分析法 64
  七、申报法 65
  八、工作任务分析法 66
  九、关键事件法 66

第三节　培训需求分析的类别 67
  一、培训规划需求分析 68
  二、年度培训需求分析 69
  三、培训项目需求调研 69
  四、课程需求分析 70

第四节　培训需求分析步骤 71
  一、前期准备工作 71
  二、制订培训需求分析计划 71
  三、实施培训需求分析计划 72
    范本　××有限公司培训需求分析汇总表 72
  四、撰写培训需求分析报告 75

第三章　培训课程规划与开发

  培训工作的核心在于培训课程，培训课程质量的好坏直接影响着最终培训效果。因此，做好培训课程设计是公司的一项重要任务。本部分选取了战略规划部、行政部、IT部、人力资源部等一些常见的部门，为部门中的各级员工"量身定做"了需要培训的课程，方便企业实施更有针对性、更细化的培训，以增强培训效果。

第一节　培训课程体系建立 79
  一、培训课程体系的模型 79

二、培训课程体系建设方法 ……………………………………………… 79
　　三、基于职业生涯导向的课程体系建设 ………………………………… 80
　　四、基于岗位胜任导向的课程体系建设 ………………………………… 84
　　五、基于任务导向的课程体系建设 ……………………………………… 87
　　　　范本　某企业岗位任务导向培训课程体系 ………………………… 89

第二节　培训课程开发 ………………………………………………………… 99
　　一、培训课程的构成要素 ………………………………………………… 99
　　二、课程教学计划的内容 ………………………………………………… 100
　　三、课程设计的步骤 ……………………………………………………… 101
　　　　范本　××有限公司组织结构课程纲要 …………………………… 103
　　　　范本　××有限公司培训课程评估总结报告 ……………………… 106

第三节　制作培训课件与幻灯片 ……………………………………………… 109
　　一、制作课件 ……………………………………………………………… 109
　　二、制作幻灯片 …………………………………………………………… 109

第四章　培训计划与经费预算

培训计划是从公司组织战略出发，在全面、客观的分析基础上做出的对培训内容、培训时间、培训地点、培训者、培训对象、培训方式和培训费用等的预先设定。一个科学完整的培训计划能够使培训取得事半功倍的效果。

第一节　培训计划的制订与执行 ……………………………………………… 113
　　一、培训计划种类 ………………………………………………………… 113
　　　　范本　××有限公司管理层培训计划 ……………………………… 114
　　　　范本　××有限公司基层员工培训计划 …………………………… 115
　　二、培训计划的要素 ……………………………………………………… 116
　　三、年度培训计划的制订步骤 …………………………………………… 116
　　　　范本　某企业年度培训计划书 ……………………………………… 120

第二节　培训经费预算与管理 ………………………………………………… 123
　　一、国家对企业教育经费规定 …………………………………………… 124
　　二、培训预算的确定方法 ………………………………………………… 125
　　三、培训年度预算总额确定 ……………………………………………… 126

四、培训预算的分配 127
　　五、培训经费的管理 127
　　　　范本　培训经费管理制度 129

第五章　培训实施过程控制

　　培训实施是指培训实施部门接到培训信息后，对即将开展的培训工作做出系列安排，确保培训实施过程高效顺利完成；并及时完成由于该培训所形成的系列报表及相关信息统计汇总、反馈等系列工作。培训实施过程控制，就是对培训实施的系列工作过程进行有序、保质、高效的协调与组织。

第一节　培训实施的准备工作 135
　　一、培训教室选择布置 135
　　二、培训工具的准备 138
　　三、培训后勤工作 140
　　四、发布培训通知 141
　　　　范本　××有限公司培训通知书 141
　　　　范本　××有限公司员工团队合作精神培训通知 142

第二节　培训期间的管理 143
　　一、茶水准备 143
　　二、学员签到 143
　　三、学员心态引导 143
　　四、培训开始时的介绍工作 144
　　五、培训器材的管理与后勤服务 144
　　六、培训服务工作 144

第三节　培训结束后的后续工作 145
　　一、培训后跟进 145
　　二、培训后的服务工作 145
　　三、培训记录及资料整理 145
　　四、设备和场地整理 147

第六章　培训评估

培训评估是根据培训目标，运用科学理论、方法和程序从培训项目中收集数据，对培训过程、培训计划和培训费用等进行综合分析，评估培训效果。培训评估是培训工作最后一个环节，有利于培训管理者全面掌握和控制培训质量。

第一节　全过程的培训评估 151
- 一、培训前评估 151
- 二、培训中评估 152
- 三、培训后评估 152

第二节　培训评估的方法 153
- 一、柯氏四层次评估法 153
- 二、五层培训效果评估法 155
- 三、CIRO评估法 157
- 四、CIPP模型 158

第三节　培训评估的步骤 159
- 一、明确培训评估的目标和指标 159
- 二、确定评估对象 160
- 三、确定评估层次与方法 160
- 四、设计管理培训评估方案 162
- 五、实施管理培训评估 163
- 六、撰写培训评估报告 165
  - 范本　培训效果评估报告 166
- 七、沟通培训评估结果 174

第七章　培训成果转化

学员能否有效转化培训成果，决定了企业能否实现培训的最终目标。在选择了合适的培训方法之后，企业只有合理地控制影响培训成果转化的因素及其转化过程，促进培训成果的转化，才能真正实现企业培训的价值。

第一节　培训成果转化概述 177

  一、培训成果转化的概念 177
  二、培训成果转化的意义 177
  三、影响培训效果转化的因素 178
第二节 培训效果转化的基础 180
  一、完善培训管理系统 180
  二、明确培训的战略导向 181
  三、确立制度保证培训成果转化 181
  四、建立和健全讲师选聘机制 181
  五、建立高效的沟通机制 182
  六、要创造培训成果转化环境 182
第三节 提升培训成果转化的措施 182
  一、了解培训收益的项目 182
  二、制定适合本企业的培训方案 183
  三、制定培训效果转化方案 184
    范本 培训成果转化方案学以致用行动计划表 185
  四、强化学员的成果转化动机 187
  五、促进培训效果转化的步骤 188

参考文献 191

第一章
企业培训体系建立

章前概述

培训的目的是通过提升员工的素质和能力,让员工更好地完成工作,达到公司经营目标,以实现公司、股东、员工、客户乃至社会的共赢。因此,培训体系的建立必须密切结合公司的实际和发展战略要求,并为公司培养符合企业发展战略的人才。

思维导图

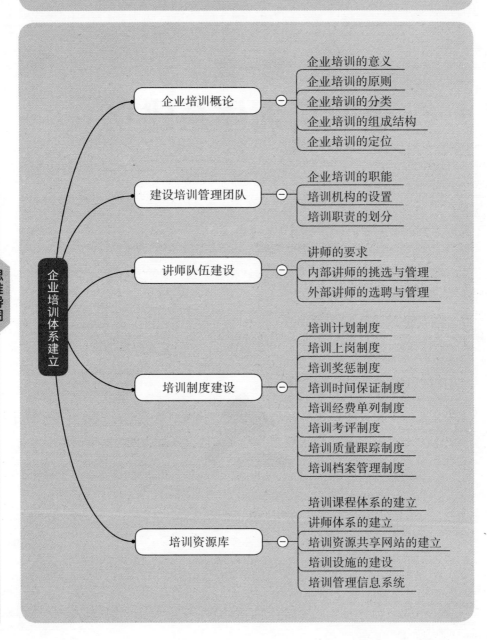

第一节
企业培训概论

一、企业培训的意义

目前在激烈的市场竞争条件下,一个企业要想有长足的发展,就必须有人才、技术、信息、资源作支撑,其中人才素质高低对企业发展发挥着不可估量的作用。在面临全球化、高质量、高效率的工作系统挑战中,培训显得更为重要。从不同的角度看,培训的意义是有所不同的。

(一)从企业角度来说

从企业角度来说培训有如下意义。

1. 培训有利于企业获得竞争优势

面对激烈的国际竞争:一方面,企业需要越来越多的复合型经营人才,为进军国际市场打好人才基础;另一方面,员工培训可提高企业新产品研究开发能力,员工培训就是要不断培训高素质的人才,以获得竞争优势,这已是不争的事实。尤其是人类社会步入以知识经济资源和信息资源为重要依托的新时代,智力资本已成为获取生产力、竞争力和经济成就的关键因素。企业的竞争不再依靠自然资源、廉价的劳动力、精良的机器和雄厚的财力,而主要依靠知识密集型的人才力量。

员工培训是创造智力资本的途径之一。智力资本包括基本技能(完成本职工作的技术)、高级技能(如怎样运用科技与其他员工共享信息、对客户和生产系统了解)以及自我激发创造力。因此,要求建立一种新的适合未来发展与竞争的培训观念,提高企业员工的整体素质。

2. 培训有利于改善企业的工作质量

工作质量包括生产过程质量、产品质量与客户服务质量等。毫无疑问,培训使员工素质、工作能力提高,这将直接提高和改善企业工作质量。培训能改进员工的工作表现,降低成本;培训可增加员工的安全操作知识;提高员工的劳动技能水平;增强员工的岗位意识,增加员工的责任感,规范生产安全规程;增强安全管理意识,提高管理者的管理水平。因此,企业应加强对员工敬业精神、安全意识和知识的培训。

3. 培训有利于解决各种问题

培训是解决问题的有效措施。对于企业不断出现的各种问题,培训有时是最直接、最快速和最经济的管理解决方案，比自己摸索效率高。

（二）从企业经营管理者角度来说

培训对企业经营管理者来说，可以带来六大好处，如图1-1所示。

好处一　可以减少事故发生

研究发现，企业事故80%是员工不懂安全知识和违规操作造成的。员工通过培训，学到了安全知识，掌握了操作规程，自然就会减少事故的发生

好处二　可以改善工作质量

员工参加培训，往往能够掌握正确的工作方法，纠正错误和不良的工作习惯，其直接结果必然是促进工作质量的提高

好处三　可以提高员工整体素质

通过培训，员工素质整体水平会不断提高，进而使劳动生产率得以提高

好处四　可以降低损耗

损耗主要来自员工操作不认真和技能不足。通过培训，员工能够认同企业文化，认真工作，同时也能提高技术水平，降低生产损耗

好处五　可以提高研制开发新产品的能力

培训提高员工素质的同时，也培养了他们的创新能力，激励员工不断开发与研制新产品来满足市场需要，从而扩大企业产品的市场占有率

好处六　可以改进管理内容

培训后的员工整体素质得到提高，能够自觉地把自己当作企业的主人，主动服从和参与企业的管理

图1-1　培训对企业经营管理者的好处

（三）从员工的角度来说

从员工的角度来说，培训的好处如图1-2所示。

| 好处一 | 增强就业能力 |

> 现代社会职业的流动性使员工认识到培训、学习的重要性，换岗、换工主要倚赖于自身技能水平的高低，培训是刚走出校门的企业员工增长自身知识、技能的一条重要途径。因此，很多员工要求企业能够提供足够的培训机会，这也成为一些人择业时考虑的一个方面

| 好处二 | 获得较高收入的机会 |

> 员工的收入与其在工作中表现出来的劳动效率和工作质量直接相关。为了追求更高收入，员工就要提高自己的工作技能，技能越高报酬越高

| 好处三 | 增强职业的稳定性 |

> 从企业角度来看，企业为了培训员工特别是培训特殊技能的员工，提供了优越的条件。所以一般情况下，企业不会随便解雇这些员工，为防止他们离职给企业带来的损失，总会千方百计留住他们。从员工角度来看，他们把参加培训、外出学习、脱产深造、出国进修等当作是企业对自己的一种奖励。员工经过培训，素质、能力得到提高后，在工作中表现得更为突出，就更有可能受到企业的重用或晋升，员工因此也更愿意在原企业服务

| 好处四 | 培训可以让自己更具竞争力 |

> 职场是充满竞争的职场，随着人才机制的创新，每年都有大量新的人才加入到竞争的队伍中，员工面临着被淘汰的危险。面对竞争，要避免被淘汰的命运，只有不断学习，而培训则是又好又快的学习方式

图 1-2　培训对员工的好处

二、企业培训的原则

（一）系统性原则

人员培训是一个为员工提供思路、信息和技能，帮助他们提高工作效率的过程。那么人员培训原则的重点就在于通过系统的方法和理论来激发员工的全部潜力，并帮助他们把握自己的前途，从而实现企业人员培训的目的。人员培训的系统性原则主要表现为培训过程的全员性、全方位性和全程性。

1. 全员性

全体生产岗位员工都是受训者。培训工作并不仅仅针对新员工，一线的操作工、基层管理层都需要接受培训，只不过培训的内容、方式和形式各有差异而已。全员性不仅体现在企业的每一位员工都要接受培训，而且体现在每一位员工同时还是培训者。

2. 全方位性

全方位性主要体现在培训的内容丰富且宽泛，能够满足不同层次员工的需求。

3. 全程性

全程性主要体现在企业的培训过程贯穿于员工职业生涯的始终，是指为达到职业规划所列出的各种企业目标而进行的知识、能力和技术和发展性（培训、教育）活动。对员工职业生涯的培训大致可分为四个阶段，如图1-3所示。

图1-3 员工职业生涯的培训阶段

（二）理论与实践相结合的原则

理论与实践结合是指根据运营的实际状况和受训者的特点开展培训工作，即讲授专业技能知识和一般原理，提高受训者的理论水平和认知能力，又解决企业发展中存在的实际问题。这一原则要求培训工作做到图1-4所示要求。

要求一　符合企业的培训目的

培训的根本目的是为了提高企业的基础能力，提高广大员工在生产中解决具体问题的能力，从而提高企业组织的效益

要求二　符合成年人学习规律

在培训时注重实践，少讲理论，多讲操作。符合成年人的学习习惯，这有助于培训效果的提高

| 要求三 | 发挥学员学习的主动性 |

> 理论与实践相结合的原则决定培训时要积极发挥学员的主动性，强调学员的参与和合作，培训方式要多以体验性的操练为主，比如案例分析、角色份演、情景模拟等，让学员在实践中补充理论的知识和内涵，反过来指导对理论的理解与吸收。做到通过理论来指导实践，再从实践中总结理论

图1-4 理论与实践相结合的原则要求

（三）培训与提高相结合的原则

全员培训就是有计划、有步骤地对在职的各级各类人员进行培训，这是提高全员素质的必由之路。但全面并不等于平均，仍然要有重点，即重点培训技术、管理类岗位员工。

（四）组织培训和自我提高相结合

一个良好的组织培训体系，能激发员工学习的积极性，促进员工学习的能动性，并切实提高员工的知识技能，帮助员工解决工作中的难题。因此，在培训中一方面要强调正规的组织培训，同时更要强调自我管理和自我提高，形成学习型组织，从而真正达到满意的培训效果。

（五）人格素质培训与专业素质培训相结合的原则

在人员培训过程中，人们往往注重专业知识技能的培训，而忽视人格素质培训。因为知识技能的提高，可以显著改善工作绩效，提高工作效率；而人格素质的提高，带给人和组织的转变是无形的，通常这种转变花费的时间也很长，且看不出它与组织绩效的改进有什么直接的联系，但人格素质的提高将给企业带来长远的、积极的影响，对组织绩效的改进起到重要的作用。

（六）因材施教的原则

因材施教的前提是尊重和承认个体差异。个体差异尤其对于成人学习的安排和设计有着极大的影响。成人学习时往往容易与已有的知识、经验做对比，在一定程度上会妨碍其接受新知识、掌握新技能。因材施教是在尊重和承认个体差异基础上，根据每个人的特点和要求制订相应的学习计划，以达到促进个人全面发展的目的。同时由于生产岗位员工更需注重其态度及技能方面的培训，因此对其员工上岗后在工作中的提高培训很重要。建议给每个新员工安排一个师傅，让师带徒；也可以一个师傅做多个新员工的"辅导员"，在其上岗工作时给予帮助。

三、企业培训的分类

（一）按岗位

按岗位对培训可以划分为战略管理培训、人力资源培训、责任体系培训、市场营销培训、销售培训、商务礼仪培训、采购培训、生产培训、物流培训企业文化培训、员工职业化培训、财务管理体系培训、股权激励培训等。

（二）按培训方式

1. 企业内训

企业内训是指企业或针对企业开展的一种提高人员素质、能力、工作绩效和对组织的贡献，而实施的有计划、有系统的培养和训练活动。企业内训又可分为公司培训、部门培训、岗位培训、自我学习等，如图1-5所示。

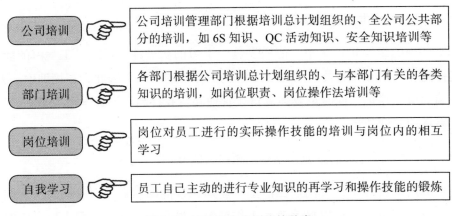

图 1-5　按培训方式划分的种类

2. 企业公开课

企业公开课是以公开授课形式为企业或个人提供工作技能提升的培训服务，适合参加公开课培训的人群涵盖了社会的各个阶层，如刚入职人员的销售知识培训，或具有资深从业经验的高级总裁培训。

3. 网络在线培训

信息革命对社会各个领域产生了深刻的影响，社会的发展需要人们拥有更新的知识体系，能更快地把握时代变化。但是传统教育模式显然无法跟上知识更替和信息爆炸的步伐。教育正在向"终身化"方向发展。网络作为信息的天然载体，必将通过其在教育领域所特有的功能来响应信息化潮流。

（三）按照培训职责

按照培训职责来可分为四类。

（1）应岗培训，目的是让员工达到上岗的要求。

（2）提高培训，提升岗位业绩。

（3）发展培训，即对员工进行职业生涯规划方面的培训。

（4）拓展培训，这是一种户外体验式培训。体验式培训强调员工"感受"式学习，而不仅仅是在课堂上听讲。在体验式培训中，员工是过程的主宰。如果员工感到课程的进程由他们掌控，他们将更加关注活动的过程——没有人比自己更能走近自己的内心。拓展培训也是企业更喜欢的、更务实的一种培训类型。

四、企业培训的组成结构

培训实质上是一种系统化的智力投资。企业投入人力、物力对员工进行培训，员工素质提高，人力资本升值，公司业绩改善，获得投资收益，它区别于其他投资活动的特点在于其系统性，企业的员工培训是一个由多种培训要素组成的系统。它包括以下要素。

（1）培训主体、培训客体、培训媒介。

（2）培训的计划子系统、组织子系统、实施子系统、评估子系统。

（3）需求分析过程、确立目标过程、订立标准过程、培训实施过程、信息反馈过程、效果评价过程等。

五、企业培训的定位

（一）培训同人力资源管理其他职能之间的关系

作为人力资源管理系统的一个组成部分，培训同人力资源管理的其他各项职能活动之间存在着密切的联系。培训指的就是公司通过某种方式使员工完善知识，加强技能，以便之后的工作中提高工作效率来应对时刻发展的社会。而培训与人力资源的职能关系主要表现在以下五点。

1. 同人力资源规划的关系

其实培训本身就是人力资源规划的一部分，在其指导下，培训才能更有计划，才能更好地发挥出它的价值。

2. 同职位分析的关系

主要是指培训的选择要具有针对性。因为职位之间的差异造就了员工工作性质的差异，此时培训的专业性就必须体现出来。

3. 同绩效管理的关系

绩效管理与培训的关系与其说是双向的不如说是一种标准，绩效的提高就是培训的目的，那么提高到什么程度则是培训开发的力度问题，而检验培训开发成果的就是绩效。在选择培训开发的内容时，之前的绩效数据就是一个参考，它决定了培训的内容，但重要的还是培训之后的绩效提高程度。

4. 同招聘录用的关系

招聘录用和培训的关系是相互的。培训的目的是提高员工素质和工作能力，而如果招聘时人员的素质和能力已经很高，则培训开发时的工作就会轻松很多，反之则会烦琐，所以他们之间的关系很直接。

5. 同员工关系管理的关系

员工关系与培训也有很大的关系，一个成功的企业离不开员工们齐心协力，万众一心，因此员工之间的关系很重要，培训对此起很大的作用，可增加员工对企业的归属感。

（二）基于其他职能之间关系之上的培训定位

（1）企业需要进一步完善绩效管理实践，强化并提升管理者与人力资源管理人员（HR）的绩效管理责任与能力。事实上，培训工作开展的基本依据来自员工在绩效考核中反映的知识、技能与行为的短板，因此企业绩效管理机制、程序、方法的有效性直接决定着培训的效果。

（2）需要构建培训与绩效管理、薪酬分配等环节之间的联系机制，立足于员工的能力提升与职业发展，持续推进员工的核心专长与技能和企业核心竞争力之间的良性互动与协同。

（3）建立有利于培训与人力资源管理各业务模块有机连接的组织管理模式。

第二节
建设培训管理团队

企业应成立培训管理小组，开展对各管理团队培训负责人的相关培训，加强培训管理经验的沟通与交流。提升团队的培训管理意识和水平。通过建立团队间的管理机制，培养一支企业的专业培训管理团队。

一、企业培训的职能

（一）不同部门在培训中的职能

在企业培训中，不同部门在不同时期的角色和责任不同，具体的划分如表1-1所示。

表1-1 企业培训职能的划分

流程	企业高层	培调组织部门	相关部门	员工个人
需求分析	共同分析与企业整体战略发展相关的培训需求	1.组织进行企业整体培训需求分析 2.协助各部门进行培训需求分析，汇总各部门的培训需求	1.了解和掌握本部门员工的培调需求并进行分析整理 2.将部门需求汇总至培训组织部门	分析个人培训需求，填写"员工培训需求表"
培训计划	决定企业的中长期和年度培训方针，批准培训计划	1.负责制订企业的中长期培训计划及企业培训预算 2.负责具体培训课程的设计和规划	负责制订本部门的培训计划及培训预算	清楚了解企业和部门的培训计划
培训实施	在工作安排中预留出一定的培训空间	1.负责培训准备和实施的过程监控 2.各部门专业培训的协调和指导	组织开展本部门的培训活动	1.参与培训前评估 2.按照需求分析结果参加相关培训
培训评估	指导培训评估，并提出改进建议	对培训的结果进行检查，评估并做出报告	对员工培训的结果进行检查、评估并做出报告	配合开展培训后评估工作

（二）企业培训部门的职能

企业培训部门的主要职能就是管理功能，具体来说包括图1-6所示的几个方面。

职能一：在总经理领导下，根据企业的经营方针制订各个不同时期的培训计划，并在各部门配合下实施。计划包括：
（1）新员工的入职培训计划。
（2）员工升职培训计划。
（3）在职部门经理，主管级人员培训计划。
（4）与各有关部门配合，制订岗位职责、操作规范、服务技巧等方面的培训计划。
（5）员工再教育培训计划。
（6）提高员工素质的培训计划（包括仪容、仪表、礼仪、礼貌、语言艺术、业务知识、专业技术、文明教养、遵纪守法、理想及事业心等）

职能二：结合企业各部门存在的突出问题，分轻、重、缓、急，协助各部门制订经常性的培训计划，提供教学设备、教室和教学参考资料，并检查督促落实，随时将有关情况向总经理汇报

图1-6

| 职能三 | 协助各部门编写出各项培训课程的教材，并使之完整配套，根据形势发展变化，不断修改补充完善 |

| 职能四 | 协助并督促有关部门制定各级员工的考核标准，作为今后考核、晋升及制定培训各级人员的依据 |

| 职能五 | 建立图书资料室，检索、搜集国内外有关管理的图书、资料及教材，整理、翻译、复制给有关部门作为内部参考资料使用 |

| 职能六 | 摄制、购买培训教学录像带、录音带、幻灯片等，按各种培训的需要，不定期地安排企业员工观看、收听，提供给本部门及其他部门培训使用 |

| 职能七 | 对培训部各种培训设备、设施进行管理 |

| 职能八 | 企业做好对外培训：凡企业外要求代培的，均需经总经理批准，通过培训部安排，并按一个完整的培训计划进行，负责对接受培训者进行考核 |

| 职能九 | 负责企业安排外出培训的人员及培训计划，并提供必要的培训参考资料 |

图 1-6　企业培训部门的职能

二、培训机构的设置

（一）影响企业培训机构设置的因素

决定培训机构设置的因素有两个。

（1）企业规模的大小，规模大的企业培训任务较重，培训机构相应较完整，岗位划分较细，规模小的企业则相反。

（2）人力资源管理在企业中的地位和作用。人力资源管理的发展通常有两个阶段：第一个阶段是人事管理向人力资源管理的转变，第二个阶段是人力资源管理向战略人力资源管理的转变。当企业进入战略人力资源管理阶段，员工培训受到空前的重视，这对于培训机构的设置会产生较大影响。

（二）中小型企业培训机构的设置

中小型企业由于人员数量不多，不需要设置专门的培训机构，培训工作通常是某个岗位的一项职责。以某公司为例，该公司设有人力资源部，其中人力资源主管具体负责人力资源工作，包括人员培训：人力资源部主任负责公司的人力资源规划，为人员培训提供指导和依据。也有的企业是由人力资源部经理承担培训工作。

规划稍大的企业一般是设置培训专员岗位或培训主管负责培训工作。

（三）大型企业培训机构的设置

大型企业人员数量多、培训任务重，一般设有专门的培训机构，设置模式有两种。

1. 培训机构隶属于人力资源部模式

这种模式优劣势兼具：优势是可以把培训放在整个人力资源系统里考虑，便于形成一个协调、统一的培训计划；劣势是培训只是部门工作的一个组成部分，在遇到其他工作影响时很难保证培训的力度和连续性，同时也很难体现培训在企业中的战略地位。这种模式如图1-7所示。

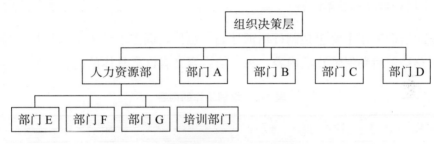

图1-7　培训机构隶属于人力资源部（一）

在图1-7中，人力资源部下面的部门一般是按照人力资源工作的主要内容设置的。以某公司为例，该公司人力资源部下面有劳资处、领导干部处、教育培训处、人才交流中心、综合处等部门，教育培训处负责全公司的员工培训。

规模稍小的企业的人力资源部下面不需要设置专业部门，而是按专业划分岗位，如图1-8所示。

图1-8　培训机构隶属于人力资源部（二）

2. 培训部作为独立部门的模式

培训部作为独立部门的模式下，培训机构与人力资源部在企业中处于同一层次，成为密切协作的两个部门。培训部门在制订培训计划、组织实施培训、对培训效果进行评价等方面仍需要人力资源部提供支持。比如，人力资源部制定公司的人力资源战略和人力资源规划，为培训部门制订培训计划提供依据；又如，人力资源部负责员工的职业生涯规划，这也是培训部门制订培训计划的依据。

由于两个部门是平行的，如果两者之间协作不好就会影响培训工作的开展，因此需要在两个部门之上有一个领导充当组织和协调角色。

培训部作为独立部门的模式如图 1-9 所示。

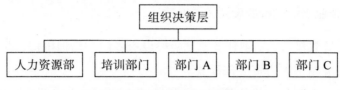

图 1-9　培训部门作为独立的部门

三、培训职责的划分

（一）培训管理的基本内容

企业的培训工作主要包括制订培训计划（包括培训需求分析），组织、实施培训，培训反馈总结，后勤保障几项内容，每一项内容又有许多具体的内容，见表 1-2。

表 1-2　培训工作的内容

工作名称	核心内容	详细内容
企业培训	制订培训计划	确定工作目标、工作标准、任职条件
		培训需求分析
		确认培训需求
		制订具体培训计划
	组织、实施培训	组织师资——内聘或外聘
		培训资料的编写、选择、确定、购买
		培训形式和方式、方法的选择、确定
		确定培训时间、地点、参加人
		实施培训
		考试、考核
	培训反馈总结	培训评估资料的收集
		培训总结（包括培训效果评价）
	后勤保障	培训场地的保障
		培训设备、用具的保障
		培训用餐、住宿的保证
		交通的保证

（二）培训部的部门职责

培训部主要负责公司员工培训计划、组织、控制等工作。

1. 搜集信息

培训部搜集信息应主要着眼于以下几个方面。

（1）公司现有的培训信息。

（2）公司的文化、发展目标和战略等。

（3）培训对象的信息。

（4）公司录用、奖惩、工资等信息。

2. 确立目标

培训部确立的培训的目标主要如下。

（1）培训具体实施的全面目标。

（2）完成本次培训具体实施目标的分析，将目标细化。

（3）提出培训具体实施建议。

（4）选定培训具体实施的对象。

（5）确定培训工作的进度。

（6）确定培训工作的评价标准。

3. 制定策略

培训部制定策略重点要考虑以下几个问题。

（1）由谁来进行培训具体实施工作？

（2）投入何种资源及多少资源？

（3）选择何种方法与方式？

（4）采用何种培训技术？

（5）需要使用哪些设施？

4. 评估培训效果

评估培训效果的内容具体如下。

（1）确立评估的标准。

（2）测定实际情况。

（3）将实际情况与标准相比较。

（4）确定评估结果。

（三）培训相关部门的权责

1. 相关部门权责

为了配合培训部的工作，还应要求公司其他相关部门给予必要的支持。其他各相关部门的权责内容如下。

（1）汇总、呈报全年度培训计划。

（2）制定、修订专业培训规范。

（3）确定专业培训的培训讲师人选。

（4）举办内部专业培训课程及上报有关实施成果。

（5）编撰专业培训教材。

（6）检查本部门专业培训成果。

2.具体岗位人员权责

部门管理者、培训负责人和培训讲师的权责分配情况如表1-3所示。

表1-3 培训权责分配表

权责内容	管理者	培训负责人	培训讲师
决定接受培训者	√		
制订培训预算		√	
安排个人指导场所	√		
安排集中培训场所		√	√
选定培训者		√	
准备教材	√	√	√
决定讲课内容		√	√
保管记录		√	
检查培训效果	√	√	√
制作培训报告表		√	
评估培训成果		√	√
培训效果的跟踪和指导	√	√	
制订培训大纲	√	√	
制订个人指导计划	√		
制订集中培训计划		√	
分配资料给接受培训者		√	√
准备视听教材		√	√
在职指导	√		

第三节
讲师队伍建设

培训讲师是开展培训的授课主体,其知识丰富程度、语言表达方式、授课形式等均会对培训效果产生影响。培训管理部门应根据每个培训项目的目的、要求、内容等特点选择既有某方面对口专业知识,又具有丰富实践经验的培训讲师。

培训讲师主要有两大来源:企业外聘和企业内部开发。培训管理人员应根据企业实际情况,确定适当的内部和外部培训讲师的比例,尽量做到内外搭配、相互学习、相互促进。无论培训讲师来自企业内部或是外部,培训组织者对于培训讲师的备课、培训内容的讲授等方面都要进行适时监督,并制定相应的规范对培训讲师实行科学、严谨的管理。

一、讲师的要求

(一)讲师的角色

讲师担负着五种角色:培训者、提供者、顾问、创新者和管理者。它们之间的关系如图1-10。

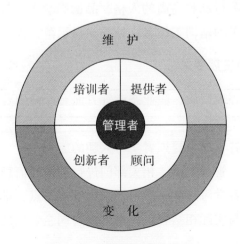

图1-10 培训者的基本角色

讲师作为"培训者"。其基本职能是培训,包括为受训者提供学习内容、条件、信息、绩效反馈和其他帮助。他要参与课堂教学、群体讨论,监督个人学习计划内的执行和其他影响学习过程的所有活动。因此，他必须是学习专家，要对培训规律做科学研究，运用各种激励手段和监督措施，选择和使用具体的学习方法，保证受训者实施个人学习计划。

图1-11所示的角色职能可以作为培训者自我评价的依据。

```
·培训需求的认定分析者
·培训创造性思想的缔造者
·培训目标的制定者
·研究人员和培训课程的设计者
·培训内容设计者和发展者
·培训管理者和组织者
    ·组织发展的督导者
    ·培训顾问、建设者
    ·学以致用的代理人
    ·培训资源的管理者
    ·建立联系的负责人
    ·培训质量的监控者
    ·培训结果的评估者
```

图1-11　角色职能

（二）教育者必须先受教育

培训工作的政策、指导思想、教学要求、培训内容等大都由培训工作者制定、安排和组织实施，而培训工作者素质的高低，关系到教学方向与质量。高素质的培训工作者，在制定员工培训工作的方针政策时，会自觉地从一定的高度和未来发展的趋势来制定员工培训的方针政策。

（三）身教重于言教

讲师要用自己的模范行动和高尚的人格、品德影响人、教育人、激励人。有高尚情操、既会教学又会实干的培训工作者，处处亲身示范，为人表率。

（四）培训者的角色发展要求

讲师在个人能力、心理素质、职业态度等方面有严格的要求。

1. 能力要求

（1）具有激励受训者、增强受训者学习兴趣的能力。

（2）具有同受训者、管理人员、相关部门进行积极的信息、思想沟通的能力。

（3）具有掌握受训者学习进度、学习动向、学习疑点、难点的能力。

（4）具有进行理论与实际相结合，把培训内容同企业发展现实状况联系起来，生动地进行讲授的能力。

（5）具有运用多种分析方法，提高受训者专业技能的能力。

（6）具有搞活班级、团队建设，促成掌握学习与管理的能力。

（7）具有应付处理培训中遇到的突发事件、保证培训有序运行的能力。

（8）具有把握培训需求、预测企业发展趋势，提供培训的建设性意见的能力。

2. 心理素质要求

（1）对企业发展和培训需求具有敏锐性。

（2）善于听取各方意见的包容性。

（3）对实施培训目标、取得培训绩效的自信心。

（4）处事不惊，对外界环境变化能冷静分析。

（5）与人为善、善于沟通，获得上级、同事、学员信任的宽容心。

（6）对遭受挫折、打击的承受力。

3. 态度要求

（1）对培训工作要热情。

（2）有工作责任心。

（3）有自我牺牲精神。

（4）有主动参与意识。

（5）有珍惜时间、提高效率的强烈愿望。

（6）有不怕困难、勇挑重担的毅力和决心。

（7）有献身企业、报效企业的忠心。

（8）有甘为人梯、为学员服务的宽大胸襟。

（9）有适应各种角色的心理准备。

（10）有关怀、爱护学生的爱心。

二、内部讲师的挑选与管理

（一）挑选合适的师资

在企业内部，培训师也可以分为专职与兼职，兼职是指由公司其他部门的人员临时担任的，其正式职务并非培训师，而是在某一方面有特长的管理者。专职培训师则可以在更多的领域上得到训练，以便将知识与技能传递给员工，如企业文化与制度的培训、产品知识的培训、公关礼仪与人际沟通方面的培训等。

（二）对内部培训讲师进行培训

这是建立内部培训讲师队伍最重要的一环。培训的重点就是关于培训活动的策划和组织技巧，具体包括：培训讲师的职责和角色，培训讲师的基本技能，课堂组织技巧，培训效果的评估方法等。

（三）加强对内部培训讲师队伍的管理和考核

这是建立优秀内部培训讲师队伍的有力保障，其中最重要的是建立内部培训讲师管理体系。

（1）建立、健全培训讲师聘任制度。企业应根据教学需要，按照培训讲师的任职条件进行聘任，持证上岗。

（2）健全内部培训师的激励机制。实行评级制度，对那些优秀培训师在晋升和待遇上给予激励，充分调动他们的积极性，以促进讲师在竞争中不断提升和完善自己。

（3）由人力资源部门统一计划与安排内部培训师的授课，就其授课情况进行抽查、评估与跟踪。同时，不定期对学员进行访谈，了解内部培训师的授课效果，从而提高内部培训师队伍的整体素质。

三、外部讲师的选聘与管理

从企业外部获取培训师资源是大多数中小企业采取的做法，对于一些涉及较深专业理论知识或前沿技术问题的培训项目，企业也常从外部聘请培训师。

（一）外部讲师的优点

（1）选择范围大，可以获取高质量的培训师。

（2）可以带来许多全新的理念。

（3）对学员有较大的吸引力。

（4）可以从第三方的角度揭示企业的一些敏感问题。

（5）可以提高培训档次。

（二）外部讲师的缺点

（1）企业对外部讲师了解不够，增加了培训风险。

（2）外部讲师对企业和学员了解不够，可能会降低培训的适用性。

（3）缺乏企业实战经验的培训师容易导致纸上谈兵。

（4）费用较高。

（三）外部讲师资源的开发途径

（1）从大中专院校聘请教师。

（2）聘请专职的培训师。

（3）从顾问公司聘请培训顾问。

（4）聘请本专业的专家、学者。

（5）在网络上寻找并联系合适的培训师。

（四）外部培训师资的审核

培训师的资质非常重要，主要应考察图1-12所示的四个方面。

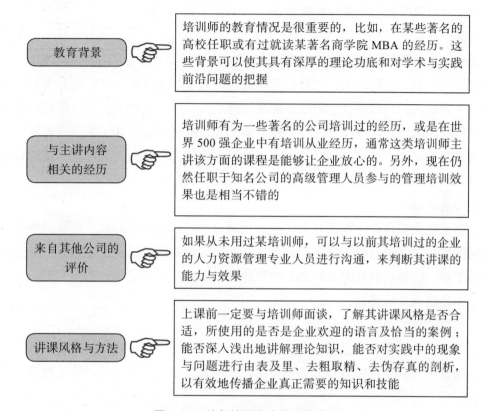

图1-12　外部培训师资的审核内容

> **小提示**
>
> 企业在选聘外部培训师时可进行如下操作。
> （1）让培训师在总部内试讲或派人到外面试听其授课。
> （2）通过简历初步判断该培训师的能力及与总部培训需要的结合点。
> （3）提一些问题，以了解其授课内容、方式、效果是否能达到总部的培训要求。
> （4）要求培训师制订一份培训大纲，促使其培训的内容与总部需求有机结合。

（五）合同的签订

进行合同的签订应以发展长期的合作伙伴关系为出发点，以达成一种双赢的结果。合同的重要内容包括合同的时间长短、培训项目的清晰程度、明确的质量标准、业绩预期与可靠的衡量手段、费用支付条款、培训无法实施的条款、保密协议等。最后，由企业的法律顾问进行合同审查。

（六）外部培训师选用后的管理

企业外部培训师选定后，还要做相应管理工作，以保证培训的顺利进行及培训的质量，并对培训师的服务进行有效监督。

1. 课程开发

课程开发时最好同时进行企业管理诊断，培训师要对企业的情况进行深入了解，对存在的问题有一定的认识，并根据实际的培训需求与各级领导进行充分沟通，了解与培训主题相关的问题背景、问题表现及问题原因。在此基础上，通过培训给企业指出解决问题的思路，以及在下一步工作中需要关注的问题等。在了解问题过程中还可根据问题制作案例以便在培训时使用，使培训过程成为解决问题的过程，以增强培训的针对性。

2. 沟通与协调

根据委托代理理论，委托方和代理方之间存在着信息的不对称，企业同外部培训师之间同样存在着信息的不对称。因此，企业培训部必须积极地加强沟通，增进双方之间的了解，以便能够及时地把企业的想法与要求传达给培训师，避免双方出现误会或偏差而使培训工作受损。

3. 与培训师的关系

企业应与培训师建立并维护良好互信的正向关系，使培训过程顺利进行。另外，要与培训师个人建立良好的私人关系，良好的私人关系有可能使培训效果提升。

4. 评估

企业可运用柯克·帕特里克的四层次评估模型对外部培训师进行评估。但要注意的是，评估不只看员工是否满意，员工打高分未必代表培训效果好。有时候培训师为迎合员工而降低自己的目标也是可能的。

第四节

培训制度建设

培训制度是为了配合公司的发展目标，提升人力绩效，提升员工素质，增强员工工作能力与对企业文化的了解，并有计划地充实其知识技能，发挥其潜在能力。

一、培训计划制度

企业应把培训工作纳入到公司工作的总体议事日程，制订公司长期、中期和短期的培训计划，并有专门人员定期检查培训计划的实施与执行情况，根据公司发展的需要适时调整培训计划。

二、培训上岗制度

企业应制定先培训后上岗和持培训证上岗制度，规定新进员工、新提拔员工、到新岗位工作的员工必须首先参加培训。培训不合格者不得上岗。

三、培训奖惩制度

企业应把培训结果与奖惩挂钩，把是否接受培训以及受训效果的好坏作为晋级、晋职、提薪的重要依据。对达不到规定培训要求的受训者给予一定的行政降级和经济处罚，对情节严重者予以辞退或开除。同时，培训工作的主管部门及执行部门也要进行考核，把培训工作的好坏作为评价其工作实绩的重要依据。

四、培训时间保证制度

企业应规定所有员工每年都要参加一段时间的培训，根据员工岗位特点、工作性质和要求的不同，制定不同的培训时间标准。规定员工培训期间待遇同上班期间一样。

五、培训经费单列制度

培训要有一定的经费保证。企业应对员工的人均培训经费、培训经费占公司全部支出的比例做出明确的规定。培训经费要随着企业的发展、利润的增长而逐步提高。

六、培训考评制度

没有系统的、科学的和严格的考核制度，就无法检验培训工作的成效。培训考核有两种方式。

（一）培训结束时要进行考核

对于学习的课程进行逐科考试或考查，结合学员平时的表现做出总的评价。也可要求每位学员写出培训小结，总结在思想、知识、技能、作风上的进步，与培训成绩一起放进人事档案。对于业务操作和技术技能方面的培训，则可将学员培训前后的水平进行比较，以确定培训有无成效，成效多大。

（二）培训结束返岗工作后的评价

学习的目的在于应用，返岗工作后的表现是检验培训效果的更直接的方式。返岗工作后的考核主要内容是：思想上有无进步，对企业文化的认同感有无增加，工作态度和作风有无改变，业务能力有无提高，工作效率有无增进。最后综合起来判断培训目标是否达成。

七、培训质量跟踪制度

培训质量跟踪制度与考评制度是紧密相关的，考评要根据质量跟踪的结果进行。

（1）培训部门要对人员培训的质量负责，应采取各项措施对参加过公司培训的人员进行质量跟踪，将之与继续培训有机结合起来；在受训者返岗工作后定期跟踪反馈，以发现受训者在各方面的进步，也可进一步发现工作中仍然存在的问题，为制订下一批员工的培训计划提供现实依据，也为该受训者的下一轮培训做好准备工作。

（2）质量跟踪除包括以往培训的内容外，还应包括公司对员工基本的仪态仪表、语言表达、知识技能和敬业精神的要求等。

（3）质量跟踪调查的方法如图1-13所示。

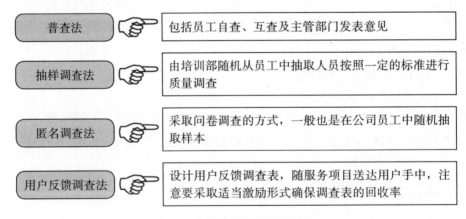

图1-13　质量跟踪调查的方法

八、培训档案管理制度

企业人力资源管理的对象是每位员工，而培训档案建设最根本的目的是要如实记录和反映在企业培训中所有员工的参与度，为员工职业发展提供依据和指导，这样才能与企业人性化管理的理念相吻合，使企业在竞争激烈的市场环境中始终保持强有力的竞争优势。

对于培训档案建设方面的日常工作，培训部可以从以下几个方面入手。

（一）全年培训课程记录统计表

培训部可以设计一张 Excel 表格，统计汇总整个年度已实施课程的情况，具体项目依次可包括序、培训类别、培训课程名称、培训时间、培训地点、课程时数、主办单位、讲师、学员对象、参加人数、实到人数、出勤率、培训费用、人均培训费用、评估方式、培训满意度、总时数、备注。

这个表建立之后，关键就是在日常中及时填写更新，每次课程结束之后就要把课程相应信息录入到此表中，记住，是所有的培训，包括免费获得培训，也包括临时开办的学习会。

（二）单项课程资料包

单项课程资料包的含义是每一次课程都要按照培训作业流程将各项表单、资料归档，分课程保存。对于每项课程，内部课程需要存档的资料包括图 1-14 所示资料。

资料一	培训申请表（内训都需要申请审批）、培训课程计划（附在申请表后面供领导参考评估，内容包括课程开办的原因与目标，课程要素时间、地点、对象等介绍，讲师的介绍，课程效果评估方法，培训费用等）
资料二	开课通知单：审批之后就发布开课通知单，列清各项培训要素，有必要者可根据学员对象列上具体学员名单，一一对应。讲师邀请函也可做一份，以显示对讲师的尊重
资料三	培训签到表：配合开课通知单的学员名单一一对应签到
资料四	课程教材、讲义：包括纸质版、电子版、课程相关的其他资料，如案例、讨论、表格等
资料五	培训评估表或心得报告：培训结束后要进行效果评估，将学员提交的评估资料整理归档
资料六	培训总结报告：培训结束后要对本次培训课程进行总结，出勤情况、学员满意度、学员的反馈、培训工作存在的问题以及改进措施等。讲师感谢函也可发出一份，向讲师表示感谢并反馈本次培训结果

图 1-14　单项课程资料包的存档资料

以上这些资料统一归档于档案袋，就是一个比较完整的单项课程资料包，各项资料较为齐全。

> **小提示**
>
> 外训课程需要存档的资料包括：外训申请表和课程信息（外部机构的课程资料）、培训讲义、培训评估表和心得报告。

（三）员工个人培训档案

培训部应建立每一位员工的培训记录，通过这个记录可以很快得到员工参加了哪些培训课程、参加培训的总时数有多少、花费的培训费用有多少，每次培训后的评估结果如何，这些数据对于在需要了解员工学习情况时会有用处，尤其是在晋升评审、转岗、调动的时候会有参考价值。

如果没有IT系统的支持，可以用Excel表格建立每一位员工的每一次培训记录，然后将Excel导入ACCESS数据库，利用ACCESS数据库里面的报表功能，将Excel表格一行一行的信息通过报表功能转换为一页，这样便于打印，也便于整体浏览。如果有IT系统就更方便了。

（四）内部讲师资料库

内部讲师资料库将担任内部讲师的员工基本信息拷贝出来，然后加上内部讲师的一些信息，如时间、级别、可授课程、授课次数与时数等。

（五）培训供应商资料库

培训供应商资料库包括培训公司名称、公司的性质、关键/优势业务领域、地址、联系人/联系方式、供应商说明（是否合作过，评价如何，有何特别要说明的地方）、供应商资质（根据你的需要把供应商分级别管理，在有需要时可优先与资质级别高的供应商联络洽谈）。

（六）课程库

企业应根据公司的培训课程体系，按体系分类建立文件夹，将整年的培训课件和资料打包放进文件夹内，慢慢充实课程体系，因为这些课程都是上过的，更具有可实施性，所以，不是将一些相关的其他课件放入，必须是与公司有关的，或内部讲师上过的课件，或请外来讲师讲过的课件，以后在修订课程的时候可标识版本号。

> 范本

内部讲师管理制度

1. 目的

1.1 有效开发、利用公司内部资源，实现内部资源的整合，为企业的知识管理和学习型组织的建立奠定基础。

1.2 建立并不断优化公司内训师团队，为员工提供锻炼和成长的平台，实现内部培训讲师体系化管理，支持公司人力资源战略和培训计划的实施。

1.3 提高内训师培训的积极性，鼓励员工独立开发培训课程和实施公司内部培训，完善公司的培训课程体系，全面提高公司的培训质量和培训效果。

2. 适用范围

公司总部及下属各分公司内部培训讲师（简称"内训师"）。

3. 定义

内部培训讲师是指符合内训师任职条件，经签约聘用后以兼职方式承担公司培训课程的开发、授课、指导等培训工作的员工。

4. 职责

4.1 人力资源部

4.1.1 负责制定、修改、完善并实施内部培训讲师制度。

4.1.2 组织内训师的选拔、考核、晋升等工作。

4.1.3 负责内训师数据库的建立与维护。

4.1.4 年度培训计划的需求调查、制订及实施。

4.1.5 培训数据统计、分析。

4.1.6 培训知识管理。

4.2 培训师评定委员会

4.2.1 人员构成

（1）常设委员：人力资源负责人、培训负责人。

（2）专业委员：部门负责人。

（3）秘书：人力资源专员。

（4）职能：负责对内训师的选拔、考核、定等、分级工作，推动公司内训工作专业化、规范化、职业化。

4.2.2 职责

（1）常设委员：负责对所有课程进行评审，专业分数权重为20%，非专业分数权重为80%。

（2）专业委员：负责对部门相关的专业课程进行评审，专业分数权重为80%，非专业分数权重为20%。

（3）秘书：负责整体的管理及安排，以及所有内训师相关的管理工作。

4.2.3 公司各部门

（1）发掘和推荐具备内训师潜质的员工。

（2）妥善安排内训师授课期间的工作衔接事宜，使其授课、工作互不影响。

（3）督导和评价本公司内部培训讲师履行职责的情况。

5. 内部培训讲师的选拔流程

5.1 选拔原则

5.1.1 员工自愿报名，公司按照培训师任职要求公平、公开、公正地进行选拔。

5.1.2 根据工作需要，公司可在部分管理人员及技术骨干人员中指定内训师。

5.1.3 各级管理人员特别是中高层管理人员是公司内训师的重要来源，应带头进行知识的搜集、整理、开发、传授、分享，成为员工发展的导师和企业战略、业务、管理、文化的传播者。

5.2 选拔的基本条件

5.2.1 已转正员工。

5.2.2 工作认真、敬业，绩效显著。

5.2.3 对所从事的工作拥有较高的业务技能，且具有相当的理论水平。

5.2.4 具有较强的书面和口头表达能力和一定的培训演说能力。

5.2.5 能独立开发课程、备课、准备讲义，善于吸收新技术、新知识、新信息。

5.3 内训师选拔流程

内部培训师选拔流程

5.3.1 选拔通知

由人力资源部通过 OA 发布内部培训讲师选拔通知。

5.3.2 报名

由各部门推荐或个人自荐，填写《内部培训讲师推荐（自荐）表》。

5.3.3 资格初审

（1）初审原则：是否认同公司企业文化、从业经验、工作业绩、分享精神、总结表达能力。

（2）各部门负责人负责内训师申报初审。

（3）人力资源部负责内训师申报核准，符合内训师条件的，组织参加内训师培训。

5.3.4 资格认证

（1）课程试讲评审：《内部培训讲师试讲评审表》。

（2）培训授课评估：《培训效果评估表》。

（3）定等：按照内部培训讲师的评定准则确定级别，参考培训学员培训效果评估结果综合考评，确定为讲师的级别。

5.3.5 签约聘书

（1）内部培训讲师定级后，由总经理对内训师资格进行签批并发放《内部培训讲师资格证书》。

（2）内部讲师聘用期为一年，每年第一个季度对上一年培训讲师进行评审定级。

6. 内部培训讲师的管理规范

6.1 内部培训讲师的评定及级别标准

内训师评定及级别标准

等级	授课内容	课程评估	授课评估	备注
高级	担任一级讲师三年以上，拥有本行业研究机构或协会的专家认证身份的资深人士			
一级	能够同时承担公司专业类、管理类、行业类的课程培训	90分及以上	90分及以上	内容丰富，有深度，针对性强
二级	能够专业地讲授3门及以上课程，其中1门为管理类课程	85～89分	85分及以上	教案及讲义内容有实用价值，讲解生动
三级	能够系统地讲授1门以上课程，专业类课程授课时间不超过3小时	75～84分	80分及以上	在某一方面有一技之长，能独立开发课程、制作PPT

备注：
1. 课程评估根据评定委员会《内部培训讲师评审表》的平均值确定。
2. 培训效果评估根据员工参训后的《培训效果满意度》的平均值确定。
3. 年度定级评估：每年1～3月人力资源部对上年度培训课程进行统计，符合晋级要求或晋级申报通过的，发放新证书并进行内部公示。

6.2 内部培训讲师的课酬标准及发放

6.2.1 内部培训讲师的课酬标准

等级	课时费
高级	500元／课时
一级	200元／课时
二级	100元／课时
三级	50元／课时

培训效果满意度评估80分及以上的，100%支付课酬；满意度评估低于80分的，50%支付课酬；满意度评估低于60分的，课酬为0。

6.2.2 以下情况不属于发放授课费的范畴

（1）非公司组织的授课。

（2）试讲、经验交流。

（3）培训岗位人员的授课。

6.2.3 课酬发放形式

讲师课酬每月发放一次。根据讲师级别及培训效果满意度评估值，由人力资源部进行课酬申报，随下月工资进行发放。

6.3 内部培训讲师的工作职责及要求

6.3.1 职责

（1）根据公司培训计划，开展内部培训课程。

（2）负责所授课程的教材的开发、修订和更新。

（3）负责所授课程学员的讲授。

（4）跟踪专业领域内的发展动向，做好所参加外部培训的学习、消化和引进工作。

（5）对其他讲师的授课技巧、方法、案例、课程内容等提出改进建议。

（6）参与公司年度培训效果工作总结，对培训方法、课程内容等提出改进建议。

6.3.2 要求

（1）内训师在人力资源部的统一管理下，合理调配时间，按计划实施培训，按时完成培训任务和规定的培训课时数。

（2）内训师进行教材研发应以不影响日常工作为原则，任何内训师不得以在进行教材研发为由不承担日常本职工作。

（3）内训师参加外训后，须在一个月内在公司内部翻讲培训内容，外训一天的课程内容翻讲不得少于两小时。

（4）无论是自行开发的课程还是外部培训翻讲的课程，其教材、教案等应在人力资源部存档。

（5）内训师在努力提高自身业务的同时，需不断更新教学内容，补充工作实践中的先进经验和做法，吸收行业最新信息和技术，提高教学质量。

（6）内训师在职期间未经允许不得对非本公司学员进行授课。

6.4 内部培训讲师晋级、降级

6.4.1 内训师晋级需要对新申报的课程进行评定，由人力资源部负责组织，评定委员会进行课程评估，符合《内训师评定及级别标准》则晋级。

6.4.2 对不按时完成培训任务，培训效果差，累计三个月培训满意度评估70分以下的，取消其内训师资格。

6.4.3 不论何种原因不能完成既定的培训任务，未提前通知人力资源部而造成培训工作被动局面或不能如期举行的，根据情节轻重给予警示、降级、撤销资格处理。

7 内部培训讲师的激励政策

7.1 根据课酬规定享受内训师课酬。

7.2 根据培训任务完成情况，内训师等级可享受年度培训教材参考费：一级讲师500元/年；二级讲师300元/年；三级讲师200元/年，凭图书发票进行费用报批。

7.3 内训师以培训效果为导向，所需相关的、合理的培训资源可向公司反馈申请（如必要教材的购买、场地、器材的配套等）。

7.4 内训师可旁听公司所有培训课程，同等条件下优先获得所授课领域外出培训机会。

7.5 参与人力资源部不定期组织的内部讲师培训、交流活动；表现优异的内部讲师，人力资源部将在薪酬评定、内部晋升时予以优先考虑。

7.6 每年度进行"优秀内部培训讲师"评选，授予"荣誉证书"并给予奖励。

7.7 内训师可进行积分积累。

企业员工培训考核制度

1. 目的

为了切实提高企业安全生产管理水平和员工整体素质，支撑和推动公司持续健康快速发展，结合公司实际，制定本办法。

2. 指导思想

以提升企业安全管理水平和提高经济效益为目标，科学制定员工培训考核标准，建立健全员工培训考核指标体系，严格考核、奖优罚劣，切实提升培训实效，实现公司各类员工整体素质持续提高。

3. 分工负责

培训考核由公司综合部负责统一组织进行考核。各部门要根据本规定制定考核细则，落实考核责任，加强培训管理，提高员工素质。

4. 管理规定

4.1 考核对象

考核对象为各生产工序操作者及管理人员。

4.2 考核内容

以企业文化和规章制度、素质提升、安全管理、岗位（职位）规范及培训管理创新为主要内容进行考核。培训内容分为通用规范性指标和特性指标两方面。通用规范性指标中，企业文化和规章制度由相关职能部门负责规范和制定；安全管理由安全监管部门负责；素质提升和岗位（职位）规范由人力资源部负责。特性部分主要是培训形式、内容创新，由各部门申报到综合部进行评定。

4.3 考核方式

4.3.1 培训及考核周期为每六个月一次，特殊情况下可随时进行培训考核。

4.3.2 考核实行百分制，考核组对考核内容逐项打分，每项最低0分，不出现负分。培训考核通用规范性指标按本办法标准考核；特性指标由培训考核办公室统一评定计分。

按照工作性质和人员规模不同，对员工考核结果划分等级如下。

4.3.3 基础管理部分，通过查文件、查制度、查原始记录、座谈等方式进行考核。

培训实施和培训效果部分，通过现场随机抽查员工进行考试、答辩或实操考核，员工平均得分即为该成员企业该项实际得分。

4.3.4 各部门应依照本办法，结合自身实际，分类制定完善针对员工的培训制度，并以此为基础建立员工培训考核标准化题库，报公司综合部备案以备现场抽考。

4.3.5 为鼓励各部门积极推进培训创新，对在员工培训方面创新形式、开发新题库、创新管理、增强培训效果的，经综合部同意可适当增加考核分数，成效显著的分数加倍。

4.4 考核结果应用

公司将在每个培训周期完成后，根据员工培训考核成绩类别评定结果，对参加培训考核的员工一次性给予相应的奖励。

企业培训档案管理办法

1. 目的

为使培训工作有章可依，保证培训工作的专业化、规范化、效率化，为培训组织者提供有效的培训资讯，促进培训工作不断向前发展，特制定本规定。

2. 适用范围

本规定适用于全公司培训档案的建立与管理。

3. 职责

人力资源部负责本标准的制定和修改，并按照规定要求负责执行。

4. 管理规定

4.1 培训档案的类别

4.1.1 公司层面下发的文件、通知、年度计划等

（1）文件通知。

（2）年度计划。

（3）公司宣传手册、产品手册、影像视频以及一切与培训工作相关的资料文件。

4.1.2 培训管理人员在培训管理过程中形成的一些过程性文件档案

（1）企业年度培训计划。

（2）培训项目建议书。

（3）培训项目评估报告。

（4）内外部培训师资档案。

（5）培训业务定点联系机构档案等。

4.1.3 由人力资源部负责积累和不断完善的、在培训过程中形成的知识数据档案

（1）以专业类别划分自行设计和开发的培训课程。

（2）各种介质形态的培训书籍和讲义。

（3）培训实况影像记录。

（4）在特定时间节点发生的同一培训课程的版本修订、知识补充与变更情况档案等。

4.1.4 人力资源中心组织的每期培训项目，体现员工在一定时期内参加培训项目的记录性文件

（1）OA 培训通知、企业微信公告、企业头条。

（2）《培训报名名单》《培训签到表》、影视视频、培训照片。

（3）配套的培训讲义、授课老师的课件。

（4）《培训考核成绩单》、结业/获奖证书发放名册、《培训效果评估表》《培训评估报告》《讲师授课津贴申请表》（课时数、评分系数、课酬）。

（5）培训活动所需奖品申请单。

（6）考试试卷样卷1份（含答案解析）和学员试卷、学员实操文件汇总压缩包、管培生项目的相关资料（《校招管培生培养方案》《管培生报到签到表》《管培生信息登记表》《管培生宿舍登记表》《管培生阶段实践日志》（电子版）、《管培生请假单、未打卡证明》《管培生生产实践阶段每日工作评定》《管培生实践——部门考评》《校招管培生中止培养说明》）。

4.1.5 其他需归档资料

（1）鼓励个人收集培训资料。个人收集的资料是指个人与公司内其他事业部内设的培训模块或公司外部同业交流学习的过程中获得的有价值资料或通过其他途径收集到的、并经人力资源部认可的培训档案资料。

（2）各类别考试资料主要来源于互联网、部门内部自行编制及同行业的交流、借鉴和创新。

4.2 培训档案归档要求

4.2.1 纸质档案归档

（1）归档资料按归档范围进行积累，确保归档资料的及时性、完整性、准确性，能够反映培训工作的真实内容和历史过程。

（2）确保应归档的文件资料收集齐全、完整，按其形成规律和特点分类，归档案卷要按时间先后次序排列，并编写资料编号。

4.2.2 电子档案归档

（1）负责编辑整理，确保内容齐全完整、真实有效。且电子文件同时存在纸质档案，须确定其内容与纸质档案的一致性。

（2）定期确定电子档案清单发相关部门备案，以备数据核查。

4.3 培训档案归档时限

4.3.1 通过公司各平台发布的与培训工作密切相关的通知、资讯、公告等，均由部门档案管理人员第一时间下载归档。

4.3.2 每期主题培训、各层级、各类型的培训班成功开展后，由经办人员3日内将相关的纸质资料或电子资料交一份于档案管理人员归档。

4.3.3 个人由公司、部门派出参加各类培训班，结训归来5天内必须将一整套归纳、整理好的培训资料交于培训档案管理员保管。

4.4 培训档案的分类保管

4.4.1 人力资源部须对培训档案进行科学管理，做到妥善保管、分门别类、存放有序、查找方便。同时，严格执行安全和保密制度，不得随意堆放，严防档案毁坏、散失和泄密。

（1）编号：归档文件应按照分类和排列顺序逐件编号，在分类方案的最低一级类目内，按文件排列顺序从"1"开始编号。编号包括：一级类目代号、二级类目代号、三级类目年份和顺序号。

（2）编目：归档文件应逐件编目，设置编号、日期、文件名、页数/份数、备注等项目。

（3）电子档案的整理规则：电子档案根据文档管理系统中对应的文件目录归类上传，电子文档需详细注明文件名。

4.4.2 人力资源中心指定一名人员负责培训档案的管理工作。该管理员必须有高度责任心，原则性强。

4.5 培训档案的查询和借阅

4.5.1 培训档案、教材资料等的接收、移出、外借必须履行登记手续，填写《查阅借阅登记表》。发放给学员的课件，必须事先转换成 PDF 格式，经部门经理批准后才能发放。

4.5.2 档案资料的外借要严格区分借阅权限，超出规定时间、范围的不允许借出。

（1）归档、立卷的培训档案除培训工作的监察人员、人力资源部内部成员外，严禁借给其他人员。

（2）校招管培生个人信息资料，除阶段实践过程中的直系部门领导，其他人员不予借阅。

（3）专项资质认证的成绩单，视情况公布结果；未得批准禁止告知部门以外的其他人。

（4）借出资料时要实行押金制，每借出一份培训资料押金 50 元，押金可作资料不能归还或遗失时的申购或复制费用。

（5）每人每次最多可借阅资料 2 份，借阅期限为 1 周。超过借阅时间不足 1 个月的每周罚款 5 元，如果超过 1 个月则原押金不予退还。

4.6 培训档案的销毁

各类培训档案的保管期限，根据特征可分为永久、定期两种。永久档案长期保管，不可销毁；定期档案根据保管期限分为 1 年、2 年。培训档案的保管年限，从培训年度终了后的第一天算起。

4.6.1 需永久保存的培训档案：培训管理人员在培训管理过程中形成的一些过程性文件档案及在培训过程中形成的知识数据档案。

4.6.2 保管期限为1年的培训档案：管培生项目所涉及的日常管理资料。

4.6.3 保管期限为2年的培训档案：体现员工在一定时期内参加培训项目的记录性文件。

对于年份跨度较远，又无实际保存价值的档案，经人力资源部负责人同意报相关部门批准后可以销毁。相关部门派人员监销，档案管理人员登记造册，并在销毁清册上签字。

范本

业务培训质量跟踪报告

1. 培训概述	
项目	内容
培训主题	
培训组织单位	
参训人员	
培训讲师	
培训内容	
培训课程设计	
培训效果	
2. 参训人员情况	
到场情况	
课堂秩序	

续表

3. 培训评估		
3.1 培训讲师授课情况		
方面	优点	不足
3.2 课堂参与度		

4. 学习评估

5. 评估结论

第五节
培训资源库

完整的培训资源包括培训课程体系、培训讲师体系、培训资源共享网站、培训设施以及培训管理信息系统。

一、培训课程体系的建立

课程体系需要全面，包括专业课程和通用课程。只抓专业课程不抓通用课程或只抓通用课程不抓专业课程，都是不完善的。专业和通用课程都齐全，课程体系才算完整。

（一）专业课程体系的建立

专业课程体系的建立步骤如图 1-15 所示。

第一步　将专业课程按照部门业务运作模块进行大类区分，如：基础类（企业文化）、安全类、品质类、生产类、管理类、设备类、开发类等，如果大类下面还可以继续细分，可以进行二级或者三级课程分类

第二步　将企业部门现有的课程内容，按照类别进行梳理，并进行课件整理，课件整理应采用统一的格式，按照既要有内容的充实性，又要有课件表现形式的美观性和多样性，人力资源部可以进行模板的制作，各部门进行参照

第三步　加强对外部专业课程培训的转化，形成制度和机制，同时专业课程也要根据企业组织、战略以及产品和外部环境的变化进行及时更新，保证课程体系与时俱进

图 1-15　专业课程体系的建立

（二）通用课程体系建立

通用课程指没有行业限制的，各行各业各个层次的人员都可以使用，如时间管理、沟通技巧、领导力、PPT 及 Excel 使用技巧等，大类如下：经营战略管理类、领导力类、人力资源管理类、财务管理类、行政管理类等。

如果企业的通用课程体系缺乏，可以直接采用外引的方式，然后转为公司内部的通用课程，培养自己的内部讲师，丰富企业的通用课程体系。

二、培训讲师体系的建立

讲师跟课程一样，有内部讲师和外部讲师，从员工能力培养以及跟公司工作内容的契合度和培训成本节俭方面，应该加强内部讲师的养成和培育，适时地引进外部讲师作为补充。

（一）内部讲师的养成

内部讲师的定位是传授专业知识、技能和文化，因此首先，从业务部门寻找合适的候选人，候选人以部门负责人推荐的方式进行比较合理，推荐的过程人力资源部应树立内部讲师推荐的基本条件，应从 4 个方面进行：专业，个人意愿，行为规范（基本素养和道德品质），课程设计及授课的技巧。

其次，进行内部讲师的培养，可以邀请外部培训机构开展"讲师养成课程"，传授课程设计和授课技巧，并进行试讲，培训合格者颁发内部讲师证书和聘书。

第三，形成内部讲师认证、职责、考核、评级及激励的机制和制度，以不断激励和提升内部讲师的授课水平。

（二）外部讲师库的建立

外部讲师是讲师体系的一部分，特别是管理类的课程，外部讲师可以带来更多更好的理念和方法，推动组织的管理向更专业的方向发展。

首先，根据组织的需要，在匹配课程的时候，需要培训机构提供讲师的个人基本资料，以及授课经验佐证，并借助相关渠道进行讲师能力的初步判断。

其次，课程参加过程中及课程后，需要对讲师所讲授相关课程进行严格的评价，作为后续讲师选择的依据，并添加到外部讲师库中。

关于讲师的选聘与管理详见本章的第三节。

三、培训资源共享网站的建立

目前公司培训的方式采用的大多为集中授课式，需要将员工集中到一起进行，如果与员工其他业务形成冲突，往往不能确保培训率以及培训效果。

（1）建立网络平台，把课程及相关资料上传至培训平台，员工可以根据自己的时间，在规定的时间内灵活安排学习，并可实现在线学习效果评估。

（2）对部门讲师进行微课程开发的培训，将课程以微课的形式上传到公司网络平台，由员工自主学习。

四、培训设施的建设

良好的培训环境能够让受训者从忙碌的工作状态中摆脱出来，全身心投入到培训当中去，从而提高培训的效果。

（1）选择合适的培训场地，培训场地应有良好的通透性，阳光或照明充足，无压抑感。

（2）培训场地内部设施齐全：投影，音响设备，话筒，白板，笔记本电脑，板夹，移动的长条桌和椅（便于根据不同的培训选择不同的桌形）等。

五、培训管理信息系统

当组织人员比较多的时候，简单的表格管理已无法满足培训信息管理的需求，借助培训管理信息系统可以有效地对培训信息进行管理，并提高工作效率。

培训管理信息系统可以借助网络管理工具下载使用，以进行培训信息的管理。

第二章
培训需求分析

章前概述

　　培训需求分析实际上就是要找到公司的培训工作现状和想要达到的理想状态之间的差距。其根本目的就是决定是否需要进行培训以及谁需要进行培训，需要培训哪些内容。这些问题都是培训管理的基础。因此，培训需求分析的效果从根本上决定了培训是否有效和有收益。

思维导图

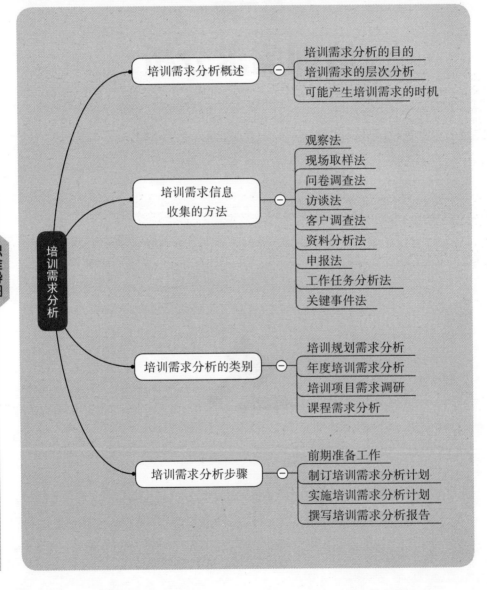

第一节
培训需求分析概述

一、培训需求分析的目的

培训需求分析的重要性及意义,即培训需求分析的目的如图 2-1 所示。

目的一　确认差距

培训需求分析的基本目标是确认差距,主要包括两个方面:一是绩效差距,即企业及其成员绩效的实际水平与绩效应有水平之间的差距,它主要是通过绩效评估的方式来完成的

目的二　改变原有分析

原有分析基本是针对企业及其成员的既有状况而进行的。当企业面临着持续动态的变革挑战时,原有需求分析就可能脱离企业及其成员的实际状况,因而改变原有分析对培训显得尤为重要

目的三　促进人力资源分类系统向人力资源开发系统转换

需求分析的另一个重要作用是能促进人力资源分类系统向人力资源开发系统的转换。人力资源分类系统在制定关于新员工录用、预算、职位升降、工资待遇、退休金等的政策方面非常重要,但在工作人员开发计划、培训、解决问题等方面用途有限,当培训部门同人力资源分类系统的设计与资料搜集密切结合在一起时,这种系统就会变得更加具有综合性和人力资源开发导向性

目的四　提供可供选择的解决问题的方法

培训需求分析可以提供一些与培训无关的选择,如人员变动、工资增长、新员工吸收、组织变革,或是几个方法的综合,选择的方式不同,培训的分类也不同。现实中,最好是把几种可供选择的方法综合起来,使其包含多样性的培训策略

图 2-1

| 目的五 | 形成一个信息资料库 |

> 培训需求分析实际上是一个通过各种方法技术搜集与培训有关的各种信息资料的过程，经由这一过程，可以形成一个人力资源开发与培训的信息资料库

| 目的六 | 决定培训的成本与价值 |

> 如果进行了系统的培训需求分析，并且找到了存在的问题，分析人员就能够把成本因素引入培训需求分析中去

| 目的七 | 为获得组织对培训的支持 |

> 创造有利条件将组织支持贯穿于培训的全过程之中，没有企业的支持，任何培训活动都不可能顺利进行，也不可能获得成功。通过培训需求分析，可以使有关人员认识到企业存在的问题，发现企业成员知识、能力和技能的差距，了解培训的成本和价值，从而为获得企业支持创造条件

图 2-1　培训需求分析的目的

二、培训需求的层次分析

现代培训需求分析有三大层次：战略分析、组织分析、任务分析，它们共同构成现代培训需求分析的内容。

（一）战略分析

培训需求的战略分析也被称为"未来分析"，这是因为它具有很强的预测性与前瞻性。企业要连续发展，必须要进行战略考虑，若企业没有战略指导，迟早会走向没落。企业的培训也不例外，也得有一定的前瞻性。培训需求的战略分析就能满足这一要求，需要注意三个方面：改变组织优先权、人力资源预测与组织态度。

1. 改变组织优先权

一般说来，组织优先权是指企业当前的工作重心，或企业当前必须优先考虑的问题。随着外界环境的变化，组织优先权也会不断发生变化。

组织优先权的改变会对企业的发展有重要的影响。因此，培训部门不能仅仅考虑现在的需要和建立在过去倾向基础上来提供服务，它必须具有一定的前瞻性；它必须分析组织的未来需要，并尽量为组织未来的可能变化做准备，这就需要提前制订培训规划。

培训需求的战略分析应重点考虑组织优先权，通常应该考虑图 2-2 所示情况。

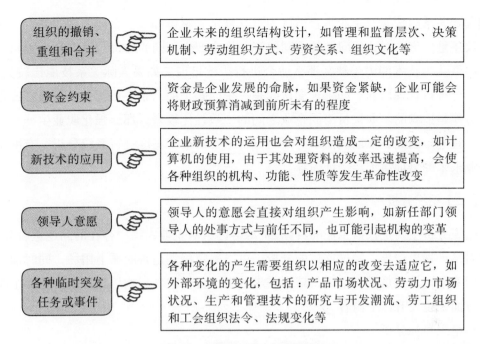

图 2-2 组织优先权考虑的情况

2. 人力资源预测

人力资源预测是对组织未来人力资源状况（其中包括理想的年龄构成、知识结构、技艺水平、工龄搭配、劳动报酬构成及其水平、雇员的出勤率、离职率和保有率等）的一种预先分析，主要包括需求预测和供给预测两部分内容。需求预测主要考察一个企业所需的人员数量及这些人员必须掌握的技能。供给预测不但要考虑可能参加工作的人员数量，而且也要考查这些人员所具有的技能状况。

比如，通过需求预测，运输部门可能预测到需要增加一部分工程技术人员。而通过供给预测，运输部门就可以发现全国，尤其是一些关键地区和部门工程技术人员的短缺状况。运输部门就可以利用这些信息制订一个包括培训、工资待遇、职务晋升、新员工录用的计划，以保证所需人员的招聘、培训和再培训。

3. 组织态度

组织态度是指员工所具有的一系列态度，包括其对工作技能及未来需求等的态度，以及对企业的接受程度等。

在培训需求的战略分析中，收集全体员工对其工作、工资、晋升、同事等的态度和满意程度的信息是非常重要的。调查收集分析这些态度对培训是很有用的，一则可以通过态度调查帮助企业查出企业内最需要培训的部门，二则也可以发现一些不能用培训解决的问题。

员工可以根据满意程度的不同，标出他们对调查问题的看法。根据员工的态度状况，我们又可以形成一些问题：如企业中的个人或团体是否缺乏技术技能？是否缺乏处理人际关系的技能？企业是否被认为观念复杂和整体和谐？企业的利益同个人利益是一致还是冲突？对这些问题的不同回答，将会产生不同的培训与组织开发倾向。

如果认为技术能力欠缺，那么适合进行传统培训。如果人际关系技能比较欠缺，那么适合进行管理培训。如果观念认同是一个问题，那么企业目标的重新解释或重新确定可能是适宜的。如果员工同企业之间的一致性比较差，那么强化职业生涯开发可能是适宜的。因此，在培训需求的战略分析中，对员工态度进行系统分析，有助于了解企业未来的培训需求及培训内容。

（二）组织分析

组织分析主要是根据企业的目标、资源等因素对企业组织中存在的问题进行分析，以此对培训做出指导。经过这样的分析，可以确定培训是否能派上用场，同时确定哪些部门业务以及人员需要培训，培训需求的组织分析包含影响培训计划的有关组织的各个方面，主要有以下内容。

1. 组织目标分析

组织目标作为一定时期内组织及其成员的行为动力和前进方向，既对组织的发展起决定性作用，也对培训规划的设计与执行起决定性作用。

组织目标的范围很广，企业当前开展的生产经营活动，采用的生产技术和手段都可以看成是企业的目标，具体目标可以包括生产所用的机械设备、工艺流程、技术专利、能源原材料、产品产量等。

培训活动应该密切关注这些组织目标，培训是为他们服务的，培训活动的宗旨必须和他们一致。假如组织目标模糊不清，培训规划的设计与执行就会显得很困难，目标分析就是要让目标清晰地展现出来，培训活动才能根据其进行设计。

2. 组织特征分析

组织特征对培训也有着重要影响，如果培训计划工作和企业的价值观不一致时，培训的效果则很难保证。组织特征的表现形式有多种，如员工的工作精神、工作态度，对企业的向心力、凝聚力以及对企业文化的理解、接受程度等。组织特征分析主要是对企业的系统结构、文化特征、信息传播情况的了解，如图2-3所示。

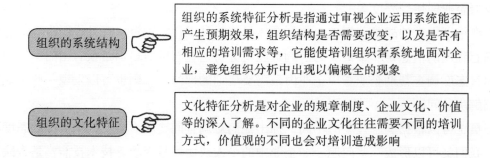

信息传播特征是指企业的部门和成员收集、分析和传递信息的分工与动作形式或方式。信息传播特征分析能使培训组织者了解企业的信息传递及沟通的风格和特性,不同的工作需要不同的信息,也会有特定的最有效的信息传递方式,有针对性地对其进行系统培训,一般能收到很好的效果

图 2-3 组织特征分析的内容

3. 组织资源分析

组织资源分析包括对企业的人力资源、资金、时间的分析。

(1) 人力资源。人力资源分析主要是对企业内现有人力资源状况的分析,它往往涉及企业员工的人员数量、年龄、技能和组织水平,员工对工作与单位的态度及工作绩效等方面。一般说来,由于人员调离原单位到其他不同的企业工作、退休,在企业内部获得晋升,生产结构、工艺流程的改变导致的人员下岗,以及企业内产生新任务等,都会造成人力资源的不足。这就促使企业想方设法弥补人力的不足;或者到企业外重新招聘一批人员,或者是迅速设计培训规划为现有工作人员提供指导,为新工作任务做准备。这些工作都必须建立在人力资源分析基础之上。

(2) 资金。资金是指企业所能提供的经费,它将影响培训的广度和深度。它直接决定培训费用的多少。没有了培训费用,培训就无从谈起。

(3) 时间。时间对企业而言就是金钱,培训需要相应的时间保证,如果时间紧迫或安排不当,就会影响培训效果。培训时间则是决定培训是否可行或有效的另一关键因素。

小提示

对以上资源进行详尽分析是很有必要的,同时也不要孤立地分析,而是尽可能地对它们进行有效的整体分析,这样会使培训更有针对性。有了人力、物力和财力的支持,培训目标才可能完美达成。在这些资源中,任何一项都是非常重要的,缺了任何一项,培训都不能顺利进行。

4. 组织环境分析

组织环境包括内部环境和外部环境。这里主要讲述外部环境。环境对企业的影响是不容忽视的。培训也应该考虑这个因素。

如市场上同类企业的增加,同类产品的更新、增加都会影响企业的战略目标。当然对培训也就有了不同的要求。

又如各项法律法规的出台,如国家和政府有一项涉及劳动的法律颁布时,企业进行相应的法律培训就是必要的。可以请专家为每一个可能受新法律影响的员工讲课,以避免可能产生的问题。

外部环境瞬息万变,要对各种变化都了如指掌是不现实的,但我们应该对企业发展有决定性影响的环境变化有深入的了解,以便及时做出相应的正确反映,培训就是其中的一个重要措施和手段。

(三)任务分析

任务层次分析有助于对培训做出更有针对性的指导。

任务分析即按照企业职务、工作标准、担当职务所需要的能力标准(职能标准)对各部门、各职务工作(岗位)状况进行比较分析,以确定企业成员在各自的工作岗位上是否胜任所承担的工作。其中工作状况主要是指员工的知识、能力、态度、行为和工作绩效等。对这些状况进行分析,有利于确定企业的培训需求。

职务分析是培训需求分析中最烦琐的部分之一,但是只有对职务进行精确的分析,并以此为依据,才能编制出真正符合企业发展要求的培训课程来。因此,为了保证培训效果,培训之前应坚持做好培训需求的任务分析。

1. 任务分析的一般顺序

任务分析一般可分为图 2-4 所示的四个步骤。

步骤一 选择对培训影响最具代表性的工作

一个企业不可能只有一项工作,因此我们必须选择对培训影响最大的工作来进行需求分析,这样才能收到事半功倍的效果

步骤二 列出工作所需技能清单

根据工作岗位的工作说明书或职务说明书列出初步的任务及完成这些任务所需知识和技能的清单。工作所需知识、技能、态度的确定是任务分析的重点

步骤三 对工作任务即所需知识技能的确认

培训需求分析者对工作任务的所需技能不可能都熟悉,因此须经过以下程序来确认:
(1)可以对员工的工作进行反复的观察,特别是操作性、重复性较强的工作,以确认工作说明书中的工作任务、工作技能要求是否符合实际
(2)尽量利用有相关经验人员的智慧,如有经验的员工、离退休人员、部门主管以及制定工作说明书的部门负责人进行访谈和观察,以对工作任务和所需技能进行进一步确认

第二章 培训需求分析

（3）可以让权威人士对所得到的结论进行认证。可以向专家或组织顾问委员会提出求证已确定任务的执行频率，完成每一项任务所需的时间，完成的关键因素、完成任务的质量标准、完成任务的技能要求及规范的操作程序等

步骤四 为该工作岗位制定针对培训需求分析的任务分析表

该任务分析表包括已经量化的指标，如工作量要素、工作质量要求、工作技能要求、工作规范等内容

图 2-4　任务分析的步骤

2. 任务分析的主要内容

任务分析是分析员工工作所需的知识、技能、态度等内容，因此它和员工的"工作"相关。任务分析主要方面有工作的复杂程度分析、工作的饱和程度分析以及工作内容和形式的变化分析，如图 2-5 所示。

内容一 工作的复杂程度分析

这里的复杂程度主要是从工作对思维的要求来说的，需要更多创造性思维的工作，我们称之为"复杂"的工作

内容二 工作的饱和程度分析

工作饱和程度主要是指工作量的大小和工作的难易程度，以及工作所要消耗的时间长短等。例如行政工作和技术开发工作就有显著的不同，行政工作大多是烦琐的，但是工作时间相对固定，而技术开发部的工作具体而复杂，工作时间弹性大，不同饱和程度的工作对培训的需求内容自然也不同

内容三 工作内容和形式的变化分析

企业需要发展，工作内容和形式也就可能随之变化。例如市场部的工作会随着企业业务的发展迅速变化，当然也有变化不大的部门，如财务部门，因此，在进行培训需求分析时，应该注意这一点，对于未来所发生的工作变化应有一定的前瞻分析和预测

图 2-5　任务分析的主要内容

3. 任务分析的方法

（1）培训部门对个体的分析。在培训需求分析中，培训部门应同企业的领导人员、人力资源部门、工作人员等加强联系，相互指导、帮助和鼓励。培训部门可以通过广告、布告、通知、传单等，同个体工作人员讨论各项培训选择；通过与面临各种问题

的领导者一起工作,来决定培训需要解决的问题。健全的培训部门都有针对每一个工作人员的培训详细目录,该目录记录了每一个工作人员曾经参加的培训,并指出未来培训和开发的可能性。这对确定工作人员的培训需求是非常重要的。

(2)用人部门的分析。用人部门在人力资源管理中的特殊地位及作用,决定了谁需要及谁会获得培训。用人部门一般也会通过绩效评估的方式来了解工作人员的实际表现。

(3)员工对自身的分析。员工可通过制订个人发展计划和工作总结的方式来分析自己的现状。人力资源部门可以发动员工制订个人发展计划,但发展计划的具体内容,即发展的目标和达到目标的方法,还是由员工亲自制订。个人发展计划是确保工作人员提升水平的有效方式。同时,员工还可通过工作总结的方式,进行自我反省,发现自己的差距与不足,从而决定通过适当的培训类型来解决自身存在的问题。

三、可能产生培训需求的时机

可能产生培训需求的时机如表2-1所示。

表2-1 可能产生培训需求的时机

序号	时机	说明
1	员工工作岗位变动	如从招聘主管岗位调整到薪酬主管岗位,需要补充有关薪酬原理知识、如何进行薪酬体系设计等技能
2	员工各种能力需提升时	当员工在工作中时间分配不合理,达不到上级要求的工作效率指标,此时,员工在时间管理能力方面需要提升,就产生了培训需求
3	生产安全要求提高时	当企业的生产安全标准要求提高,对于每一位进入车间的人员必须穿防护服,这时可能会产生一些培训需求,如如何正确穿戴防护服、如何在穿戴防护服的状态下工作等
4	企业市场扩张时	如一个原来只有3个连锁店的零售企业一下扩张到拥有30个连锁店,这时企业管理者的管理能力和管理水平方面就存在着差距,会产生培训需求
5	招聘新员工	这类培训需求最明显的就是要求每一位新员工都能了解企业信息、企业文化等
6	增加新业务、进入新领域时	如果原来一个只生产电视的企业,现在希望将产品线扩展到DV、平板电脑等领域,会产生相应的培训需求,如行业知识、生产技术等
7	解决特定问题	一个生产企业在制造模具的过程中发现无论如何都不能让模具成型,这时对于这个企业来说,力学、模具材料等方面的知识技能就会成为他们的培训需求
8	组织、规章制度变革时	公司发布了一个新的绩效考核制度,公司内的员工就会希望更准确地了解绩效考核的信息,这时就需要人力资源部组织各部门进行学习,让大家能够更加清晰地了解这个新制度

续表

序号	时机	说明
9	技术革新	如工厂引进了一套新的生产设备,这个时候生产车间就产生了最直接的培训需求,即如何使用这台设备
10	企业改进工作绩效时	如企业需要改进销售流程,重新设计销售渠道时,销售部或者市场部的同事们会产生对于专业化、领先型企业的销售流程、渠道管理等方面的培训需求,以便更好地改进流程,实现绩效提升

第二节 培训需求信息收集的方法

培训部在确定培训需求时,不能凭主观想象,而应运用科学的方法进行需求分析。常见的方法有观察法、问卷调查法、面谈法、客户调查法、资料分析法、申报法、工作任务分析法等。

一、观察法

观察法是培训人员亲自到员工工作岗位去了解员工的具体情况,从而获得培训需求信息的方法。通过与员工接触,观察员工的工作技能、工作态度,了解其在工作中遇到的困难。观察法较适用于生产性和服务性强的工作的培训需求分析。

观察法是发现问题、证实问题最原始和最基本的工具之一,但观察法本身也有些缺点。

(1)易受观察者主观成见的影响,而影响观察的准确性。

(2)有些工作需要长时间才能完成,事实上很难进行全盘观察。

(3)短期观察很难碰上突发情况,因此很难观察到员工对突发事件的处理水平。

观察法适用于生产型企业或者服务型行业。在运用观察法时应该注意以下几点。

(1)观察者必须对要进行观察的人员所进行的工作有深刻的了解,明确其行为标准。

(2)进行现场观察不能干扰被观察者的正常工作。

(3)观察法的适用范围有限,一般适用于易被直接观察和了解的工作,不适用于技术要求较高的复杂性工作。

(4)必要时可请陌生人进行观察,如请人扮演顾客观察终端销售人员的行为表现是否符合标准或处于何种状态。

观察记录表如表2-2所示。

表2-2 观察记录表

观察对象：		部门：		岗位：	
观察地点：		观察时间：			
观察内容		记录		评价	
工作态度					
工作方法					
工作熟练程度					
工作制度遵守情况					
工作沟通与协作情况					
灵活性与创新性					
工作效率					
工作完成情况					
时间管理					
突发事件应对					
备注：					
记录人：		记录时间：			

二、现场取样法

现场取样法是通过选取培训对象现场实际工作的部分片段进行分析，以确定培训需求的一种方法。适用于服务性行业的培训需求调查（如饭店、卖场等）。现场取样法主要包括两种形式：拍摄和取样。

（一）拍摄

拍摄是指在培训对象的工作环境中合法安装监控录影机、摄像机等拍摄设备，对培训对象的现场工作过程进行实际拍摄，事后通过影像资料进行观察分析，得出培训需求结论。表2-3提供一份拍摄样板的示例供参考。

表 2-3　拍摄样板示例表

拍摄对象：	拍摄地点：	拍摄人：
拍摄时间：　　年　月　日～　　年　月　日	是否隐蔽拍摄：	□是　□否

分析项目	员工表现
服务态度	
顾客反映	
必备工作实施情况	
沟通表现情况	
工作完成情况	
存在问题	
拟改善内容	

备注：	
制表人：	日期：
后期剪辑：	存档部门：

（二）取样

取样又分以下两种形式。

1. 神秘访客

"神秘访客"，即由取样人乔装成顾客，在培训对象不知情的情况下与其进行沟通、合作或者买卖活动等，事后以取样人对取样对象工作表现的评价和分析为依据，确定培训需求。

2. 客户录音取样

客户录音取样，即选取培训对象与顾客对话的录音为需求分析的依据，总结培训需求的信息和数据。表 2-4 提供取样法的基本工具——取样分析报告的示例供参考。

表 2-4　取样分析报告示例表

取样对象：	岗位：	取样人：
取样时间：	取样地点：	
取样形式（用"√"标出）	□神秘访客　□客户录音取样	

分析项目	员工表现
工作态度	
专业知识	
工作技能	

续表

分析项目	员工表现
沟通能力	
工作完成情况	
存在问题	
拟改善内容	
备注：	
制表人：	日期：

三、问卷调查法

问卷调查法是最普遍也最有效的收集资料和数据的方法之一。一般由培训部门设计一系列培训需求相关问题，以书面问卷的形式发放给培训对象，待培训对象填写之后再收回进行分析，获取培训需求的信息和数据。

（一）问卷调查法优点

问卷调查法可同时针对很多人实施，资料来源广泛且节省时间。简单有效，且成本较低。

（二）问卷调查法缺点

由于调查结果是间接取得，如有问题，但无法当面澄清或证实。被调查者在回答问题时，往往倾向于"应该如何"，而非"事实如何"，这种回答态度常常影响真实性。另外，问卷发放量要足够大，才能得到较全面的信息。

（三）实施步骤

问卷调查法进行培训需求分析，可以遵循如图2-6所示五个步骤。

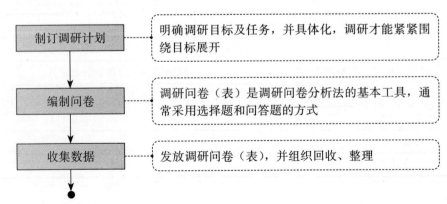

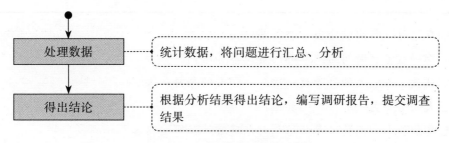

图 2-6 调研问卷法的实施步骤

培训部在设计调研问卷的问题时,应该注意以下几个方面。

(1)问题尽量简短,并注意使用简单的、固定用法的术语,避免使用读者不易理解或者容易引起歧义的名词。

(2)一个问题只涉及一件事,避免"结构复杂"的问句。

(3)题目设计要简单,尽量不要使作答者做计算或逻辑推理。

(4)避免出现诱导答案的问题,保证作答者完全客观陈述自己的观点。

以下提供两份不同类型的培训需求调查问卷,以供参考。

范本

××有限公司年度培训需求调查问卷(管理者适用版)

您好,为了推动公司快速发展,促进公司及各部门的有效管理,制订年度培训计划,请您配合我们认真填写相关内容,愿我们的合作最终带来共同的收获。

您的姓名:_____   您的部门:_____   您的年龄:_____

您的职务:_____   您在公司的工作年限:_____

(本调查问卷分三部分,请您根据实际情况选择答案或者书写建议。)

一、培训意愿调查

1.您认为哪些教育类别的课程对部门员工最合适,并有助于业务发展,可多选。

□学历教育   □资格认证课程   □与业务有关的技能   □其他

2.您一般会在什么时候考虑组织部门员工培训?

□部门业绩不佳   □凝聚力较差   □管理存在障碍   □任何时候

□部门发展势头良好,需要持续巩固

3.您在组织部门员工培训时有哪些顾虑?

□费用支出太大   □培训效果是否符合预期   □员工会不会满意

□在何时进行比较恰当　　　□其他

4. 您一般多长时间组织本部门员工参加培训？

　□从没　　　□大约每季度一次　　　□大约每月一次

　□大约每半月一次　　　□其他

5. 您组织本部门员工参加培训时，通常涉及哪些内容？

　□团队建设　　□规范化管理　　□业务讲解　　□人际关系及沟通

　□行业知识

6. 您觉得部门员工在什么时候参加公司统一组织的培训比较合适？

　□尽可能不占用员工休息时间　　　□工作日的晚上　　　□其他

7. 您是否会积极安排部门员工参加公司统一组织的各项培训？

　□是，不论什么培训，必然会提高员工素质

　□不一定，要看培训的主题和讲师的选择

　□不一定，要看与本部门实际业务是否冲突，部门工作优先

　□其他

8. 您乐于接受的学习方式有哪些？可多选。

　□公司内训　　　□外部培训　　　□外聘内训　　　□在工作中学习

　□视频教学　　　□讨论分享　　　□阅读书籍　　　□其他

9. 您认为公司员工每月参加多长时间的培训合适？

　□4小时内　　　□5～7小时　　　□8～12小时　　　□12小时以上

10. 您认为培训能提高员工的工作绩效吗？

　□有很大提高　　　□有一定提高　　　□说不清楚　　　□基本没有提高

　□完全没有提高

11. 您认为培训难以吸引人的原因是？

　□与工作时间冲突，无法协调　　　□无法满足实际的培训需求

　□经常占用休息时间　　　□其他

12. 您最希望参加哪一类型的培训？

　□人际关系沟通技巧　　　□如何做一个好主管　　　□专业技能培训

　□如何提高素质，进行有效的个人管理　　　□其他

13. 公司选拔内部讲师，您是否愿意承担自己擅长领域的课程培训？

　□愿意并有能力胜任　　　□愿意，但目前还不能授课

　□愿意，授课能力有待提高　　　□不愿意，不具备相关能力　　　□其他

14. 您认为公司的岗位设置合理吗？

　□很合理　　　□比较合理　　　□一般　　　□不合理

15. 您对部门员工的工作满意吗？

□很满意　　□比较满意　　□一般　　□不满意

二、培训项目及课程参考（请根据类型选择您希望开展的培训项目及课程，可多选。）

1. 发展战略类

□现代公司规范化管理　　□如何改善公司体制，提升经营效益

□突破执行力不足的瓶颈　　□如何走出管理误区

□中国式危机管理策略　　□培训发展与自我学习

2. 公共必修类

□基本工作流程　　□职业化员工的优良心态

□高效员工工作守则　　□人际关系管理

□口才提升与突破　　□个人情绪管理

□员工综合素质提升方案　　□细节与态度

3. 通用管理类

□领导者的魅力　　□员工心理辅导　　□团队经营方略

□如何培养和善用人才

4. 业务销售类

□如何分析客户需求　　□沟通与说服技巧　　□商务礼仪

□销售心理学

5. 行政后勤类

□办公室礼仪　　□消防安全　　□行政公文写作

□办公自动化　　□保安物业管理　　□时间管理

6. 财务管理类

□财务基础知识　　□财务报表阅读分析

□如何降低成本　　□公司信用管理

7. 人力资源管理类

□职业生涯规划与发展　　□有效竞争的弹性薪酬体系

□绩效管理与考核　　□岗位胜任与素质提升

□劳动纠纷调解与注意事项

8. 行业发展类

□现代公司行业概况　　□现代公司经营管理

□收银员基础培训　　□现代公司服务理念

□服务人员基本礼仪　　□客房管理方法与技巧

□餐饮管理方法与技巧　　□司机服务礼仪培训
□康体娱乐项目开发与维护

三、您对我们的建议

对培训的建议：
_____
_____

其他建议：
_____
_____

衷心感谢您的配合！

范本

××有限公司员工个人培训需求调查问卷

姓名：　　　部门：　　　职务：　　　调查日期：

特别说明：本问卷是为了充分全面地了解公司员工培训需求特别设置的问卷调查，由选择题和问答题构成，选择题为不定项选择，各部门可以根据自己的具体情况填写，也可在问卷后添加补充内容和要求，人力资源部会充分考虑大家的要求，按大家的需求合理地设置培训方案。

1. 您在工作中最迫切需要获得的知识是什么？（请在每一大项中勾出小项）

A. 专业技术知识：□行政管理　　□财务管理　　□人力资源管理
　　　　　　　　　□项目管理

B. 公共基础知识：□计算机操作　□法律常识　　□社会保险知识
　　　　　　　　　□时政

C. 人文知识：□公司文化　　□人际交往语言表达　　□商务礼仪
　　　　　　　□服饰与化妆

D. 其他请补充：

2. 您觉得哪种培训方式效果显著？（　　）

A. 课堂教学　　　　　　　　　　B. 网络远程教学
C. 公司集体学习、讨论、开会等　D. 公司外派学习

E. 其他请补充：

3. 您觉得每次培训多长时间较合适？（ ）

A. 分散培训：一年多次，每次2～3天

B. 集中培训：一年一次，每次一个星期或更多

C. 其他请补充：

4. 您觉得什么时间培训比较合适？（ ）

A. 工作日　　　　　　　　　B. 非工作日（节假日、双休日）

C. 白天　　　　　　　　　　D. 晚上

E. 其他请补充：

5. 您对培训环境有什么要求？（ ）

A. 最好在本公司大家一起学习　B. 外出培训

C. 高校或培训机构　　　　　　D. 其他请补充：

6. 您参加培训最主要的目的是什么？（ ）

A. 全面提高个人素质　　　　　B. 增强业务能力

C. 完善知识结构　　　　　　　D. 培养学习能力和兴趣

E. 其他请补充：

7. 您对培训内容有什么具体要求？（ ）

A. 侧重理论知识　　　　　　　B. 侧重实际操作和运用

C. 有助于提高职称的　　　　　D. 其他请补充：

8. 您希望什么样的人来给我们培训？（ ）

A. 高校教师或学者　　　　　　B. 公司领导（包括公司内部领导）

C. 行业专家　　　　　　　　　D. 其他请补充：

9. 您认为专业技术类岗位应该侧重于哪方面的培训比较合适？（ ）

A. 实际操作能力的培训　　　　B. 取得从业资格证的培训

C. 职称培训　　　　　　　　　D. 其他请补充：

10. 您认为管理类岗位应当侧重于哪方面的培训？（ ）

A. 管理常识　　　　　　　　　B. 服务意识

C. 公文写作能力　　　　　　　D. 提高组织能力

E. 提高执行力

11. 您认为基层工作人员应该侧重哪方面的培训？（ ）

A. 侧重于服务意识的培训

B. 侧重于工作方式与技能的培训

C. 侧重于团队写作能力的培训

D. 侧重于提高工作的主动性与积极性的培训

E. 人际交往和沟通方面的培训

12. 您认为公司高层管理人员应当侧重哪方面的培训？（ ）

A. 领导艺术　　　　　　　　　B. 战略管理与决策的能力

C. 与下属的沟通能力　　　　　D. 思维方式的培训

E. 价值、观念　　　　　　　　F. 其他请补充：

13. 针对个别无法开展集中培训的专业技术人员应该如何培训？（ ）

A. 采取个人申请和公司委派多种形式的培训

B. 鼓励员工自主培训

C. 侧重于提高员工职称的培训

D. 加强同行之间经验和交流的培训

E. 其他请补充：

14. 公司新进人员应当如何培训？（ ）

A. 由公司领导或部门主管简单介绍培训

B. 聘请教师集中培训

C. 采取学徒制的培训

D. 采取在各部门轮转的方式培训

E. 其他方式的培训：

15. 您认为通过培训可以解决工作中的问题吗？（ ）

A. 能　　　　　　B. 不能　　　　　C. 不确定

16. 您认为对培训效果影响最大的因素是？（ ）

A. 培训方式　　　　　　　　　B. 个人是否愿意参与合作

C. 培训课程的设置是否合理　　D. 培训讲师的水平

E. 其他请补充：

17. 例如：公司下半年准备开发一些培训课程，您会选择下面的哪些课程？

A. 商务谈判技巧　　　　　　　B. 领导行为与艺术

C. 现代公司管理　　　　　　　D. 项目与合同管理

18. 请您找出几个恰当的词语来形容公司的公司文化：（至少写三个）

19. 如果决定在公司内部选拔培训讲师您会推荐谁？（请说出培训的具体内容）

20. 您觉得自己可以为大家提供什么样的培训内容？

21. 您还有什么好的建议和想法请留言：
_____

         培训部   ××××年×月××日

四、访谈法

  访谈法是通过对受训者、培训者、督导者、管理者、决策者等关键人物进行面谈，经过全面、系统分析之后，确定培训需求的一种调查方式。

  访谈法一般是在有一定培训需求的情况下才会使用，通过与培训对象的上级或者培训对象沟通，希望通过访谈进一步地对我们已有的培训需求进行确定。比如通过调查我们了解到，被培训者希望参加沟通方面的培训，但是沟通的培训有很多种类型，于是我们通过访谈法来确定，他们是需要辅导型沟通培训，还是向上级汇报为目的培训。面谈法的优点是比较灵活，缺点是主观性较强，需要访谈者有很高的访谈技巧。

  访谈法有以下两种类型。

（一）个别访谈法

  个别访谈法可以采取正式或非正式的方式约见面谈对象，可以亲自到工作现场，也可以以召开会议等形式进行。但不管采取哪种方式，调查前首先必须自问：在访谈中，究竟想要得到哪些有用的培训资料？

（1）公司所面临的主要问题是什么？
（2）公司对员工影响的范围如何？
（3）有必要参加培训的员工有多少？
（4）员工工作表现的缺点是什么？原因何在？
（5）什么是员工应做而未做好的？
（6）员工参加培训积极性不高的原因是什么？

> **小提示**
>
>   在访谈过程中，要记录所获得的资料。不管用什么方法，都要避免对方紧张或心生警惕，以致影响资料的可靠性。

（二）集体访谈法

在畅所欲言的情况下，集体面谈比个别访谈更有效果，大家集思广益，充分发表意见，会更有启发性，得到的资料会更全面。但是，如果访谈的内容涉及个人缺点或隐私，则应当进行个别面谈。下例是一份部门经理培训需求调查面谈问卷，仅供参考。

> **范本**

××有限公司部门经理培训需求调查面谈问卷

（一）您对培训部有哪些期望或要求？
_____
_____

（二）对您的部门来说，哪些培训项目是最重要和最紧急的？（如：服务技巧、礼节礼仪、沟通技巧、服务程序及标准、安全知识、服务英语等）
_____
_____

（三）您所处部门的员工在入职前都参加岗前培训了吗？如果参加了，您认为培训效果如何？没有参加培训是因为何种原因？
_____
_____

（四）请您根据本部门的实际情况，按照非常重要、重要、不重要的程度选择以下培训项目，请在相应方框里打"√"。

序号	培训项目	非常重要	重要	不重要
1	公司知识介绍			
2	培训者			
3	安全知识培训			
4	处理客户投诉的技巧			
5	与客户沟通的技巧			
6	如何关注客户			
7	如何与客户保持良好关系			
8	常用管理技巧			

续表

序号	培训项目	非常重要	重要	不重要
9	时间管理方法			
10	如何评估下属			
11	员工部门内岗位交换培训			
12	员工公司内交换培训			
13	接听电话技巧			
14	电脑知识培训			
15	公司英语初级水平培训			
16	公司英语中级水平培训			
17	日语初级水平培训			
18	礼仪培训			

（五）除上述培训项目外，您认为还有哪些培训项目对您的部门或公司是非常必要的或急需的？
_____
_____

（六）您本人需要哪些方面的培训？
_____
_____

（七）您认为哪种培训方式适合您？
□管理学习　　□参观、考察　　□半脱产式培训　　□脱产培训
□参加短期专项培训班　　□自学　　□其他

（三）访谈法的实施步骤

访谈法可以遵循以下几个步骤进行，如图 2-7 所示。

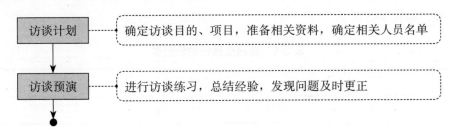

图 2-7

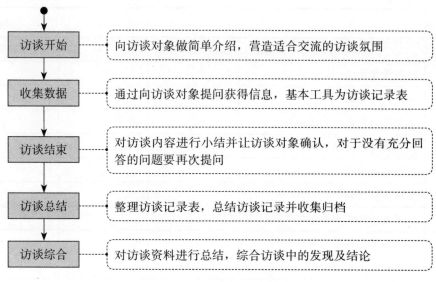

图 2-7 访谈法的实施步骤

五、客户调查法

客户调查法是指征求客户对企业的产品、员工素质、服务等方面的意见，从中获取有用的培训资料。调查人员可以设计一份客户能够很容易回答的简明调查表，从中获得有关培训的信息。

调查人员在对客户进行调查时，首先要向客户说明公司正在制订一份培训计划，并对他们给予的合作和帮助表示感谢，然后声明你的目的是想为客户提供更好的服务，因此他们的任何帮助对你们都是有用的。

最好采用多项选择的方式，同时适当留些空白以便让客户做出评论和强调，不必要求他们签名，向他们保证调查的内容是绝对保密的，不会向公司有关人员透露。

六、资料分析法

资料分析法是指通过对各种报表、文件、审计结果、预算报告、工作计划、总结、数据分析、客户投诉、工伤及处罚报告等资料进行分析，找出公司存在的问题，确定培训需求，如表 2-5 所示。

表 2-5 资料信息归纳示例表

归纳人：		归纳时间：	
归纳方式（用"√"标出）：	□资料收集	□资料整理	
资料份数：			

续表

资料完整情况:	
资料信息分类	内容
企业信息	
外部信息	
管理层信息	
部门信息	
岗位信息	
个人信息	
备注:	

七、申报法

培训部通过向各部门发放培训需求申报表，了解各部门员工的需求。培训需求申报表（见表2-6）是在制定公司年度工作目标和部门年度工作目标基础上，结合个人培训需求（见表2-7）来确定的。

培训部根据公司年度工作目标和各部门上报的培训需求，制订公司年度培训计划。培训部在征求各部门对年度培训计划意见基础上，经过反复修改，定稿后上报公司决策层审批。

表 2-6 部门培训需求申报表

部门		培训形式	
培训单位		培训费用	
申报时间		培训时间	
参加培训人员数量		培训内容	
部门领导意见： 负责人：　　　年　月　日			
审批意见： 主管领导：　　　年　月　日			

表 2-7 自我分析及申报示例表

姓名：		部门：		岗位：	
项目		分析			
岗位任务所需条件					
岗位工作胜任情况					
工作成绩					
工作失误及遇到问题					
自身优点					
个人不足					
应加强哪些方面的学习					
学习目标及学习标准					
学习方式					
主管部门：					
备注：					

年　月　日

八、工作任务分析法

工作任务分析法是以工作说明书、工作规范或工作任务分析记录表作为确定员工要达到要求所必须掌握的知识、技能和态度的依据，将其与员工平时工作中的表现进行对比，以判定员工要完成工作任务的差距所在，从而确定培训需求。

工作任务分析法是一种非常正规的培训需求分析方法，它通过岗位资料分析和员工现状对比得出员工的素质差距结论，可信度高。

九、关键事件法

关键事件法是通过分析企业内外部对员工或者客户产生较大影响的事件，以及其暴露出来的问题，来确定培训需求的一种方法。这种方法易于分析和总结，但关键事件如果是偶然性事件，结论则可能较为片面,常见的关键事件如顾客投诉、重大事故等。

分析人员在进行关键事件分析时应注意以下两个方面。

（1）制定保存重大事件记录的指导原则并建立记录载体（如工作日志、主管笔记等）。

（2）对记录进行定期分析，找出员工在知识和技能方面的缺陷，以确定培训需求。关键事件收集示例表如表 2-8 所示。

表 2-8 关键事件收集示例表

员工姓名：		部门：	岗位：
访问者：		访问时间：	访问地点：
访问背景陈述：			
访问内容及其描述	工作中遇到哪些重要事件		
	事件发生的情景		
	采取了怎样的应对行动		
	事件结果		
	经验教训		
分析及评价	导致事件发生的原因和背景		
	员工的特别有效或无效的行为		
	关键行为的后果		
	员工自己能否支配或控制上述后果		
	员工事件处理欠缺的方面		
备注：			
制表人：		日期：	

当企业内外部出现较大的事件时，往往采用以上方法应对当前出现的情况。优点：时效性强，针对性强，易于分析和总结，可以分清楚是培训需求还是管理需求。缺点：时间的发生具有偶然性，容易以偏概全。

第三节
培训需求分析的类别

培训需求是培训计划中的一个必要环节，回答的问题是找到一个培训活动要达到的目标，这个培训活动不仅仅是培训授课，还应该包括培训项目的策划、年度培训计划的制订、培训规划和培训策略的确定、培训发展模式的选择等。甚至培训组织变革作为一个项目来讲,也可以作为培训管理活动之一。

任何一个培训活动都必须先有计划,计划制订过程中,需求分析就是首要的环节。从总体上看,培训管理活动可以分四个层面,即策略层面、运作层面、项目层面、教学层面。其中计划管理工作也可以分为:培训规划、年度计划、项目计划、教学计划四类。

相对应地,培训需求可以划分为:培训规划需求、年度培训需求、培训项目需求、课程需求四个层面。这四个层面的需求分析,其调查目的、调查对象、调查策略、调查手段、分析结果处理等都有所不同。

一、培训规划需求分析

培训规划制订前必须进行充分的培训策略层需求分析。培训规划必须密切结合企业战略,从企业的人力资源规划和开发战略出发,对企业一定期限内的培训发展进行规划。其本质也是计划,如培训发展两年规划、年度规划等。培训规划往往可以按照两年考虑,但每年度必须进行修正调整,调整后自然以年度培训规划来看待。

培训规划基本任务是一级策略(人力资源策略)转化设置年度培训目标、二级策略(运作策略、绩效管理策略等)。其中,培训目标是通过年度需求调查、人力资源部门素质测评,结合人力资源发展策略来完成,包括内容目标(以课程体系表现)、绩效目标(如覆盖率)、组织目标(如队伍建设)、成本目标(人均费用)等。这里,培训规划中回答的问题往往事关企业发展,例如是否建立培训中心、培训学院或培训大学?是否引入国外职业教育资源?是否横向扩展培训中心的功能?课程体系如何规划?各岗位类别需要什么方向的课程?公司年度的课程开发总体任务应该是什么(培训规划要对年度计划提出要求或方向性指导)?要回答这些问题,就必须进行充分的调查与研究。需求调查与研究的主题包括:公司培训组织变革、公司培训模式演变、体系规划蓝图、培训覆盖率等。这个层面的分析主要体现在组织分析,与组织的战略发展目标密切联系,信息来源也以高层管理人员为主。

需求调查与研究方法有以下几类:一类是数据研究,上年度培训策略检讨与工作总结、本年度人力策略新要求调查、培训组织效能评价等;二类是主观评估,高层主管访谈、员工主观意见收集等;三类是比较法,横向对比如同行业、国际著名公司的培训经验或策略借鉴;四类是追随法,紧密跟踪培训最新发展动向,如网络培训模式的技术引入论证等。

基于培训规划的需求调研一般由公司培训委员会负责、培训部主导、其他所有部门参与。其中,必须充分重视高层、同行业、著名公司的经验与技术。

二、年度培训需求分析

年度培训计划是根据年度培训规划中的策略,进行作业计划组合的制订。这个作业计划组合包括培训组织建设、项目运作计划、资源管理计划、年度预算、机制建设等内容,回答的是公司培训做什么、怎么做、需要多少资源、会得到什么收益等基本问题。

(一)年度培训需求分析的主题

要回答以上问题,就必须对以下主题进行科学的需求调查分析。

(1)组织建设计划包括部门架构调整、人员配备、考核管理体系等。

(2)资源管理计划包括讲师管理、课程资源管理、费用管理等。

(3)项目运作计划包括各类培训项目的组合,也包括课程子方向分解或细化。

(4)年度预算要进行分解提报。

(5)机制建设,这实际上是属于作业计划里的政策规则,用以保证年度计划实施质量的。

(6)其他,如课程体系规划出来后,课程资源怎么组织?由谁来开发?走什么样的流程?需要何种机制来保证?相关的制度或规定如何?像类似资源管理方面的问题也必须进行访谈、总结等研究分析并提出改善方案。

(二)年度培训需求调查与研究分析手段

年度培训需求调查与研究分析手段主要有以下三种。

(1)分析法:问题分析(最后求解到员工个人)、绩效分析。

(2)经验法:历年项目需求。

(3)主管意见归纳法:员工访谈、意向调查等。

> **小提示**
>
> 本层面的需求分析与公司及各职能部门的年度工作计划相联系,信息来源以中高级管理人员为主,且主要是中层管理人员。

三、培训项目需求调研

培训项目需求调研是为了顺利完成培训项目计划任务。后者是从组织的战略出发,在全面、客观的培训需求分析基础上做出的对培训时间、培训地点、培训者、培训对象、培训方式和培训内容等的预先系统设定,同时,也回答需要多少资金、具体操作流程、注意事项等基本问题。这里首要的是培训内容调研。

（一）何谓培训项目

项目一般是根据年度项目计划，以学员群体为对象设立，并可以明确地提出项目目标以及相应的课程组合。这个课程组合确定之前往往需要项目前的详细调研，培训目标一般很量化和明晰，每个课程也会有初步定位。对于任何一个项目，其课程组合需求一定是要有针对性地调查研究的，这个工作不能提前或期望在年度计划中完成。培训项目有以下三类。

（1）基于任务的，如管理标准化体系建设动员培训。

（2）面向对象的，如产品经理培训。

（3）以内容为主要关注点的，如商务礼仪培训。

（二）培训项目需求分析方法

培训项目需求分析方法一般有以下几种。

（1）任务分析法：就培训所服务的企业活动进行分析，看哪个环节、哪类员工需要培训，培训什么。

（2）员工岗位评估法：结合岗位说明书、个人绩效、个人职业规划、个人素质测评、个人主观意愿等来进行确定。

（3）归纳法：根据全公司共性的问题进行归纳，然后设置专题课程或培训项目。

> **小提示**
>
> 培训项目需求调研主要与培训具体实施操作相联系，一般由培训主管与相关的职能部门负责人共同完成。

四、课程需求分析

课程需求分析主要是为了设计培训课程（这也是教学计划制订工作的一部分）。课程需求调研分析适合的方法有以下几类。

（1）引导归纳法：对现有课程大纲进行引导，学员主管意见的归纳、学员上司的意见。

（2）学员素质分析法：设计系列问题，通过测试结果，科学推定学员的受训内容重点。

（3）经验法：借鉴以前的经验，并根据学员行为观察与分析，最后得到学员受训重点。

> **小提示**
>
> 本层面主要与培训过程相联系,工作主要承担人由直管经理与责任讲师共同完成,培训部门提供专业支持,信息来源主要是培训对象及其主管。

第四节 培训需求分析步骤

一、前期准备工作

在进行培训需求分析之前培训部要做一些准备工作,为下一步的具体分析工作打好基础。

(一)收集员工资料,建立员工培训资料库

员工资料应当包括培训档案、员工的人力资源变动情况、绩效考核资料、个人职业生涯规划以及其他相关资料等。员工培训资料库可以帮助培训部方便地寻找员工的背景资料,为员工的个人培训需求分析提供材料。

(二)及时掌握员工的现状

相对于其他部门来讲,培训部更像是提供服务的部门。培训部应当把培训对象看作是服务对象,及时掌握服务对象的动态才能更准确及时地提供有效培训。因此培训部经理要和其他部门保持密切联系,及时更新和补充员工培训资料。

(三)建立收集培训需求信息的渠道

培训部为了及时掌握员工的培训需求就必须建立起畅通有效的培训信息交流渠道。如可以通过建立"培训信箱""培训信息公告牌"等方式与员工和部门交流培训信息。如果条件允许,也可以利用公司内部网络搭建培训信息交流平台,这样更方便快捷。

二、制订培训需求分析计划

在正式开展培训需求分析之前,培训部有必要制订分析计划。计划主要包括以下三个方面的内容。

（一）确定分析目标

即确定分析工作需要达到的具体目标，若没有目标，任何分析工作都会失去方向。

（二）确定计划内容

计划内容应该包括需求分析工作的时间进度、各项具体工作在开展时可能会遇到的问题及应对方案等。

（三）确定分析方法

培训需求分析方法通常有观察法、问卷调查法、面谈法、测验法、工作任务分析法等。

三、实施培训需求分析计划

培训需求分析的实施主要是按照事先制订好的工作计划依次展开，但在分析培训需求的时候，也要根据实际工作情况随时对计划进行调整。如计划实施中遇到太大的阻力或偏离计划目标方向时就要及时改善或更换方法。

（一）征求培训需求

培训部经理向各有关部门发出要求，各部门提出培训需求。

（二）汇总培训需求

培训部经理将收集来的各类需求信息进行整理汇总，填入公司培训需求分析汇总表。以下提供一份培训需求分析汇总表，仅供参考。

范本

××有限公司培训需求分析汇总表

类别	问题	选项				
第一部分：培训信息调查	1.对培训的重要性，你的态度如何	□非常重要	□重要	□一般	□不重要	□没必要
	2.在不影响你日常工作的情况下，你认为哪种培训周期更好	□每月	□每季	□半年	□年	

续表

类别	问题	选项					
第一部分：培训信息调查	3.你希望每次培训持续多长时间为宜	□1小时以下	□1～2小时	□半天	□1天	□2天	□更长
	4.你认为培训应在什么进行	□周末	□工作日下班时间	□工作时间内	□以上皆可		
	5.如果是外部培训，需要个人出资，你能接受的最大出资额是多少	□500元内	□1000元内	□2000元内	□2000元以上		
第二部分：培训问题调查（在工作中，你遇到的问题）	1.对公司的各项管理制度及流程	□熟悉	□不熟悉				
	2.个人岗位职责及职务涉及的相关流程	□了解	□不了解				
	3.对本岗位工作开展遇到的问题及需要支持的方面(可多选)	□部门间配合	□上司的支持	□工作指导			
第三部分：对培训现状的评价和期望	1.为保证培训效果，你认为培训评估该如何进行	□纳入奖惩管理，给予相应奖惩处理	□纳入当月的绩效考核，给予评分	□与薪资或职位晋升挂钩	□其他		
	2.公司在安排培训时，你倾向于哪种培训方式(可多选)	□参加公开课	□公司安排内训	□会议讨论	□读书心得分享	□电子资源培训	□以上皆可
	3.公司在安排培训时，你期望的培训讲师来源(可多选)	□职业培训讲师	□内部培训讲师	□以上皆可			
	4.你认为过去一年内举办的培训课程哪些地方有待改进	□培训内容针对性	□培训内容实用性	□提高讲师水平	□培训形式应多样化	□培训次数太少，可适当增加	

续表

类别	问题	选项				
第四部分：我期望参加下列培训课程（可多选）	1. 基础技能	□团队建设	□执行力	□沟通技能	□时间管理	□服务礼仪
		□员工激励	□职业素养	□压力管理	□情绪管理	
	2. 公司文化	□公司文化宣导	□公司历史沿革			
	3. 专业技能	□中层管理技能提升	□领导艺术			
	人力资源	□非HR经理的HR管理	□招聘面试技巧	□内部培训讲师训练	□绩效管理	□薪酬设计与管理	□培训体系建设
		□员工关系处理				
	财务管理	□非财务经理的财务管理	□成本控制与管理	□税收筹划	□财务预算管理	
	销售能力提升	□销售技巧	□大客户销售管理			
	4. 你对公司的培训工作有哪些建议和意见					
备注		本次调查收回有效表格××份，其中，有些员工的问卷中，部分选项未填，但仍然算作有效问卷				

（三）分析培训需求

分析培训需求的内容主要包括以下三个方面。

（1）分析受训员工的现状，包括其在组织中的位置，是否受过培训，受过什么培训，以及培训的形式等。

（2）分析受训员工存在的问题，包括是否存在问题及问题产生的原因。

（3）分析员工的期望和真实想法，包括员工期望接受的培训内容和希望达到的培训效果。然后核实员工真实的想法以确认培训需求。

（四）确认培训需求

通过对汇总来的各类培训需求加以分析，培训部经理参考有关部门的意见，根据重要程度和迫切程度排列培训需求，为制订培训计划奠定基础。

四、撰写培训需求分析报告

培训需求分析报告是培训需求分析工作的成果表现。其目的在于对各部门申报汇总上来的培训需求做出解释和评估结论，并最终确定是否需要培训以及培训什么内容。

因此，培训需求分析报告是确定培训目标、制订培训计划的前提和重要依据。培训需求分析报告的主要内容如表 2-9 所示。

表 2-9 培训需求分析报告内容一览表

序号	项目	内容
1	报告提要	简明扼要介绍报告的主要内容
2	实施背景	（1）阐明产生培训需求的原因 （2）培训需求的意向
3	目的和性质	（1）说明培训需求分析的目的 （2）以前是否有类似的培训分析 （3）以前的培训分析的缺陷和失误
4	实施方法和过程	（1）介绍培训需求分析使用的方法 （2）介绍培训需求分析的实施过程
5	培训需求的分析结果	阐明通过培训需求分析得到了什么结论
6	分析结果的解释、评论	（1）论述培训的理由 （2）可以采取哪些措施改进培训 （3）培训方案的经济性 （4）培训是否充分满足需求 （5）提供参考意见
7	附录	分析中用到的图表、资料等
备注：以上项目，并不要求完全具备，可以根据公司实际情况予以修改和完善。		

第三章
培训课程规划与开发

章前概述

培训工作的核心在于培训课程，培训课程质量的好坏直接影响着最终培训效果。因此，做好培训课程设计是公司的一项重要任务。本部分选取了战略规划部、行政部、IT部、人力资源部等一些常见的部门，为部门中的各级员工"量身定做"了需要培训的课程，方便企业实施更有针对性、更细化的培训，以增强培训效果。

思维导图

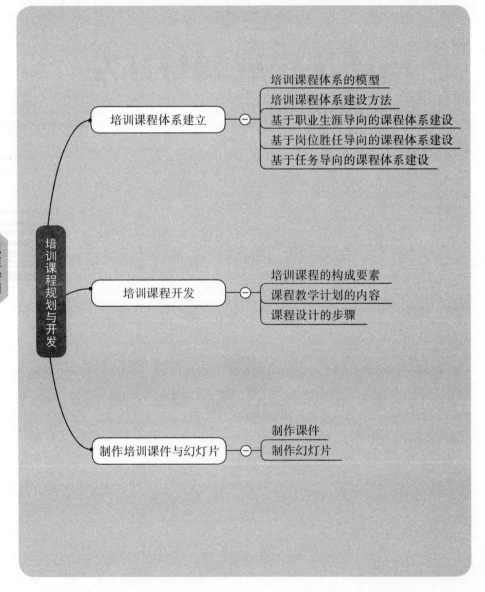

第一节
培训课程体系建立

随着计算机网络的迅速发展,越来越多企业意识到培训学习可以增强员工信心,提高工作技能,能为企业创造更大的财富。但是,传统的培训思想陈旧、培训制度缺乏实用性、员工培训体系不完善、培训执行力不强、缺乏团队学习精神等,导致了培训无法达到预期的效果。因此,企业必须搭建自己的培训课程体系。

一、培训课程体系的模型

培训课程体系的模型如图3-1所示。

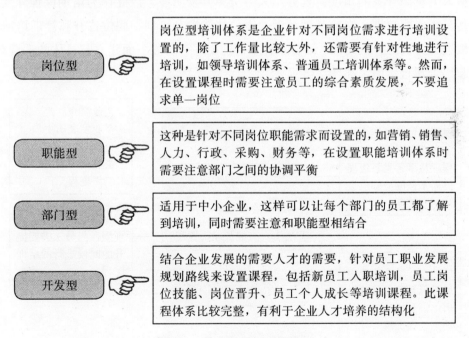

图3-1 培训课程体系的模型

二、培训课程体系建设方法

(一)课程体系横向建设法

对企业职能进行横向全面梳理,建立职能分类表,以此作为培训课程开发的方向

（如技术研发类、采购招标类、市场营销类、人力资源类、财务管理类、生产管理类、行政办公类、职业素养类、通用管理类等）。根据职能具体内容，结合工作实际，在每一类职能下面建立具体的课程名称，建立起培训课程索引，如图3-2所示。

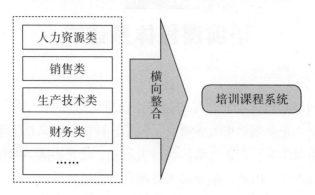

图3-2　课程体系横向建设法

（二）培训课程体系纵向建设法

从人力资源开发的角度，划分出人力资源开发阶段，以此作为培训课程开发的方向（新员工入职培训、岗前基础培训、岗位技能提升培训、职位晋升和管理培训等）。

根据人力资源开发阶段，结合工作实际，在每一阶段下面建立起具体的课程名称，建立起培训课程索引，如图3-3所示。

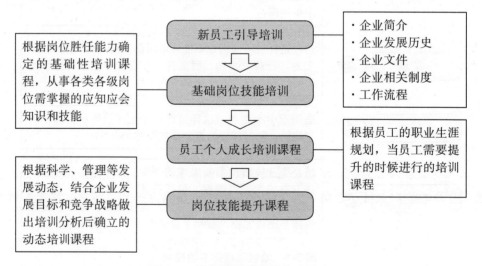

图3-3　培训课程体系纵向建设法

三、基于职业生涯导向的课程体系建设

以企业战略为导向，以岗位为基础，以员工的职业生涯发展为路径，按照"五步

法"构建企业的培训课程体系，能够促进企业培训工作的有序开展，提升培训工作的有效性和针对性。

（一）确立培训课程体系框架

根据企业的职位族，初步构建企业的培训课程体系框架，从而为构建培训课程体系指出方向。

1. 划分职位族

划分职位族就是把具有相同工作性质和相似能力要求的不同职位组成一个集合。首先，以企业的发展战略为导向，通过分析企业价值流程，剖析企业核心业务流程以及相应职位所需要的素质要求，将企业所有岗位划分为不同的职位族类。根据工作类型，通常可以把职位划分为经营管理类、专业技术类和技能操作类三类。其次，根据企业对员工的价值判断和职位任职素质的要求，将不同的职位族类划分为不同的职位层级。根据职位的高低，通常可以把职位划分为初级、中级和高级三级。

2. 组建培训课程体系框架

根据职位族的划分结果，将三个职位类型、三个职位层级进行组合，就构成了一个企业的二维培训课程体系框架。

（二）分析能力要求

根据组织、部门和岗位三个层面的信息和资料，分解每个岗位的职责、任务和运作等内容，解析和提炼每个岗位需要具备的素质、知识和能力。

1. 识别能力项目

根据企业的发展战略，结合职业生涯发展规划的要求，以岗位需求或者胜任能力模型为基础，收集和整理岗位信息，从知识、技能技巧、态度等方面，将岗位信息转化胜任本岗位应具备的能力要素。在识别能力要素时，既不能漏项，又要高度概括，从整体上满足岗位能力的要求。

以经营管理人员为例，根据公司战略要求和经营管理人员的胜任能力模型，经营管理人员应具备职业素养、通用能力和专业能力三类能力项目。其中，职业素养可以分为忠诚企业、责任心、廉洁自律、战略思维、学习能力、创新能力、沟通能力、执行能力、协作协调、对外交往10项能力要素。通用能力是指经营管理人员需要掌握的基本知识和技能，如与政策法规有关的知识、基本的管理能力等。专业能力是指根据本职岗位所应该掌握的专业能力。

2. 剖析行为要点

剖析行为要点是指从工作步骤、必备知识、所需工具设备、特殊技巧、工作态度、安全事项和防护措施等方面，把本岗位所需要的每个能力要素逐一分解为若干的行为表现。在剖析行为要点时,不仅要符合能力项目的内涵要求,还需要准确表述每个能力项目所表现的典型行为,并按照工作程序和先易后难的顺序排列。

3. 划分能力层级

由于不同层级人员在能力要素的要求上存在差异,因此,根据不同层级人员岗位要求和工作重点的差异,逐一划分初级、中级和高级三个层级人员应具备哪些相应的行为要点,使得不同层级人员的能力呈现连续性和递进性。

培训课程体系框架如表3-1所示。

表3-1 培训课程体系框架

职位族	层级	职责	岗位要求	能力项目和行为要点	课程名称
经营管理类	初级				
	中级				
	高级				
专业技术类	初级				
	中级				
	高级				
技能操作类	初级				
	中级				
	高级				

(三)能力与课程的转换

培训课程体系建设的关键在于有效地实现能力与课程的转换,也就是要立足于能力要求分析,将能力模块转换为课程,落实具体教学内容。具体步骤如下。

(1)按照职位和层级的划分,整理和分析每个层级每类人员应具备的能力项目和行为要点,使其没有缺失。

(2)根据行为要点的描述内容和关键点,进行梳理和分类,形成课程名称。

(3)根据岗位的需要,对培训课程进行排序。

> **小提示**
>
> 形成的培训课程内容必须覆盖此岗位此层级人员所应该具备的所有能力项目和行为要点,不能存在遗漏。行为要点和课程之间的转换要准确,同一岗位不同层级之间的课程要具有衔接性和递进性。

（四）开发培训课程

根据培训课程的组成要素，按照能力项目中行为要点的要求，依据所涉及内容的属性和逻辑顺序，开发培训课程。也就是说，按所涉及的知识类型，属于基础性内容的排列在前，属于专业性内容的排列在后；按所涉及业务流程的先后，即能力要求项目集合涉及的业务流程在先的排列在前，涉及的业务流程在后的排列在后；按所涉及工作的综合程度，即能力要求项目集合属于专项性工作的排列在前，属于综合性工作的排列在后。

开发培训课程的步骤如图3-4所示。

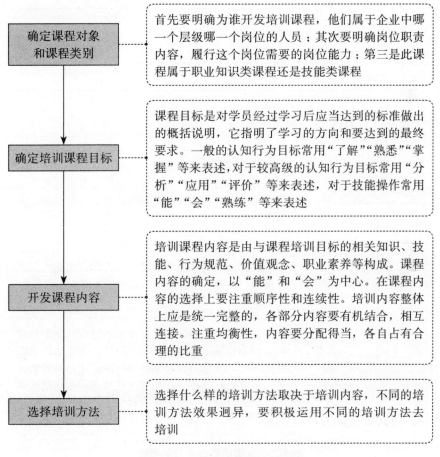

图3-4 开发培训课程的步骤

（五）结构化整合课程

通对已开发的各类课程进行结构化整合，就能够形成经营管理人员、专业技术人员和技能操作人员的三个层次的培训课程体系，如表3-2所示。

表 3-2　三个层次的培训课程体系

		基础知识类	专业知识类	管理技能类	领导力发展	职业发展类
管理类岗位	初级		√	√	√	√
	中级			√	√	√
	高级			√	√	√
专业技术类岗位	初级	√	√			
	中级	√	√			√
	高级		√	√	√	√
熟练技能类岗位	初级	√	√			
	中级	√	√			
	高级	√	√	√	√	√

结构化整合课程具体分为图 3-5 所示三个步骤。

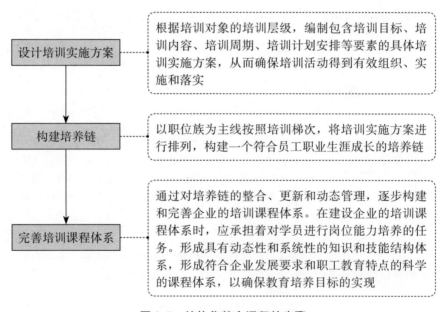

图 3-5　结构化整合课程的步骤

四、基于岗位胜任导向的课程体系建设

（一）基于胜任力模型建构的培训课程体系特点

胜任力模型是企业设计培训课程体系的重要依据，越来越多的企业开始依据胜

任力模型来构建新的培训课程体系。基于胜任力模型建构的培训课程体系，具有以下特点。

1. 培训更具有战略导向性

企业培训课程的设置，必须按照公司发展战略纲要及人才队伍建设要求，围绕公司中心工作，以各单位和总部各部门的需求为基础，并且考虑个人职业发展规划与公司战略目标的融合。只有根据企业战略规划，结合人力资源发展战略，才能量身定做出符合本企业持续发展的有效课程体系。岗位胜任力模型的建构对组织环境、组织变量、优秀员工与绩效相关的关键胜任特征进行分析，因此，基于岗位胜任力的培训课程体系，使个人职业发展规划与公司战略目标相融合，具有战略导向性。

2. 培训更具有时效性和针对性

基于胜任力模型的员工培训课程体系，依据所建构的胜任力模型为标准，针对每一职业发展阶段所需要的关键性胜任特征来开展培训工作，可以使培训更具针对性。同时，充分考虑员工目前的绩效现状，针对不同的绩效水平、个人能力和发展计划制订不同的培训课程计划，使课程序列的安排循序渐进，并遵循由浅入深的原则，具有一定的时效性。

3. 培训更具有超前性和递进性

企业培训是为企业发展服务的，培训要满足企业在人才方面的需求。市场环境瞬息万变，但是培训人才有其自身规律，也有一定的周期。基于岗位胜任力的培训课程，从员工个体发展的需求出发，针对不同职位的不同层级设置具体的培训课程体系，满足了员工职业生涯的持续性发展需求，具有一定的超前性和递进性。

（二）培训课程体系建设步骤

与传统基于岗位的培训体系不同，基于胜任力的课程体系依照胜任力模型的要求，对成员承担特定职位所需的关键胜任力进行分析，确定个体和组织整体胜任力水平，根据差距确定员工的培训课程体系，进而提高人力资源对组织战略的支持，具体步骤如下。

1. 建立静态的岗位胜任力模型

静态的岗位胜任力模型是指为完成某项工作，达成某一绩效目标所具备的一系列不同胜任力要素的组合，包括不同的动机表现、个性与品质要求、自我形象与社会角色特征以及知识与技能水平。

静态岗位胜任力模型，根据组织架构说明书和岗位说明书，对员工能力进行不同层次的定义以及相应层次的行为描述，确定达到岗位对应层次的要求，应该具备的核心能力、技术能力以及完成特定工作所需求的熟练程度。静态岗位胜任力模型包括一个人在其职务角色、组织内及其内部与外在环境中的责任与关系上，达成令人满意或楷模绩效所需要的胜任力。建构静态岗位胜任力的步骤如图3-6所示。

第一步	系统研究企业未来发展战略,通过与领导层访谈获得企业的实际需求,并从企业实际情况出发,将员工按管理职位、专业职位的不同,划分不同的等级,分析企业战略对各级各层岗位人员的要求
第二步	分析各岗位职责要求,深入研究确定各岗位胜任本职岗位需具备的胜任力(包括态度、技能、知识)
第三步	归纳各胜任要素的典型行为特征,并分别描述出不同等级的行为特征,实现胜任力模型从抽象概念到具体行为的重要转变
第四步	对资料进行整理、归类、分级,形成对行为特征的情景素材支持,使胜任力模型成为形象的、可衡量的行为事件素材。最终建立起满足公司科学发展所需的岗位胜任力模型

图3-6 建构静态岗位胜任力的步骤

2. 建构每个岗位的静态培训课程体系

课程体系是培训体系的子系统,包括课程架构、课程内容、课程形式和课程安排等。静态的培训课程体系,是指针对岗位需求,达到岗位胜任能力,必须掌握的课程内容,是与岗位同时存在的,针对岗位需求而产生的,表现为组织层面和岗位层面的课程体系。建立动态的培训课程体系,从图3-7所示的几个方面入手。

第一步	逐层分解每个岗位胜任能力,细分获得二级乃至三级能力项,在此基础上,深入剖析各胜任要素的内涵、外延、行为特征、行为案例素材,将之分解为不可再分的"最小单元知识点",这样,一个胜任能力可能分解成多个最小单元知识点。其次,对最小单元知识点进行汇总、归类、合并、归纳、总结提炼。结合各岗位在各要素上的侧重点差异,分别设计对应的课程目录,最终完成基于胜任力模型的静态培训课程体系
第二步	对每个课程的内容进行设计和定义,制作"课程描述"文件,内容包括:课程名称、培训主题、课程目标、课程内容、培训对象、培训方式、课程实施建议等
第三步	课程分层分类,依据不同发展阶段中的经理人的特点和需要,对课程进行合理的分布与组合,梳理课程间的逻辑关系,形成分层、分类的课程体系

图3-7 每个岗位静态培训课程体系的构建步骤

五、基于任务导向的课程体系建设

基于任务导向的课程体系建设要求在课程体系设计和课程开发各个环节中都要坚持以工作任务为导向。课程体系要求工作任务的多少来设计与建构,课程开发根据怎样完成工作任务来设计。课程内容根据工作任务内容来确定。课程逻辑根据工作开展过程逻辑来组织。

(一)分析岗位职责

通过头脑风暴等方法,列举岗位职责,重点确定岗位主要职责。

(二)分析工作任务及子任务

每项岗位职责往往包含多项工作任务,首先梳理出每项职责下的工作任务,再对每项工作任务进行梳理。对复杂的工作任务进一步细分,继续分解成子任务。子任务仍比较复杂的,还可进一步分解为下一级子任务,直至不能分解为止。

(三)梳理工作流程

工作流程展示了完成一项工作任务所需的步骤、决策及整个流程的执行路径和顺序。每项工作任务或子任务都有相应的流程,从任务开始到结果输出或任务办结为一个流程,每个完整的流程对应一个工作任务。在流程梳理过程中,一定要找出流程的关键节点和重要环节。

(四)编制岗位知识与技能清单

以每个工作流程为主线,按照流程发展,分析、概括、提炼完成每个环节和节点所需掌握的知识和技能,以及流程中的常见问题及解决措施,形成知识和技能清单,在工作流程中实现知识、技能与工作任务的对应。

(五)确定拟开发岗位培训课程

以工作流程确定拟开发的培训课程,一个流程对应一门课程,以流程的长短确定课程的时长。如实际工作有需要,也可将两个以上的独立流程所对应的课程有机组合起来作为一个课程。

(六)集合所有拟开发课程,形成体系框架

岗位所有工作任务对应工作流程,各个独立的工作流程对应各个培训课程,所有培训课程的集合形成该岗位的培训课程体系。课程体系包含的课程对应岗位全部或主要的工作任务,包含完成工作任务需要的知识、技能及其运用,因此相对于岗位职责

来说，该课程体系较为完整。

（七）按照岗位特点确定课程开发顺序

根据岗位的核心职责，采用工作任务优先级矩阵，通过每项任务的频繁度、重要性、学习困难度、需要的工作经验等指标，对岗位工作任务进行排序，以确定岗位培训体系中的课程开发顺序。

（八）组织实施课程开发

坚持工作任务导向，以工作流程为逻辑结构，组织实施课程开发。在课程内容开发上，根据流程发展，将各环节和节点涉及的知识和技能融合进去，让学员知道在哪个环节需要做什么、需要什么知识和技能、怎样做、做到什么程度、有什么常见问题及解决措施等。

（九）评估与改进课程

课程的评估与改进主要是评估课程是否贯彻工作任务导向，流程是否正确精简，知识和技能是否全面，工作任务是否讲解清楚，并根据评估意见，结合岗位工作的实际情况进行改进。在实证研究中采取"四级评估"，即课程开发人员评估、业务部门评估、行业内专家评估、行业外专家评估。课程开发人员评估由承担该岗位各课程开发的人员相互评估；业务部门评估由业务部门组织，参加人员包括本部门负责人、业务骨干以及该岗位全体人员或代表，包括下属单位相关岗位人员；行业内专家评估，邀请、组织行业内相关业务专家进行，侧重评估课程的实用价值、实际工作经验的总结提炼以及与实际工作的紧密度；行业外专家评估主要从理论上把关，评审课程在理论上是否站得住脚。

（十）推广应用课程

将开发的课程用于对应岗位人员的培训，边用边听取学员意见，以便做进一步的修改。同时根据推广学习的需要，开发多种形式的课程，一个课程采取多种形式展示，如传统课程、视频课程或者微课程等形式。随着移动设备与无线网络的普及，基于微课程的个性化学习、移动学习、远程学习、在线学习、微型学习等各种新型学习方式将成为课堂学习的有利补充，有利于发挥非正式学习的优势，最大限度地提高学习者的学习效率。具体选择哪种形式，主要根据课程内容、学员学习方式及现代教学技术发展等综合考虑。

某企业岗位任务导向培训课程体系

一、战略规划部

战略规划部培训课程项目

序号	岗位	培训课程项目
1	战略规划部主管	（1）战略规划部业务流程 （2）编制年度、季度综合经营计划 （3）战略课题研究技巧 （4）资本运作项目的策划、立项以及评估程序 （5）公司专项计划的论证、立项流程
2	经营战略规划员	（1）战略实施跟进程序 （2）战略问题整改方案编写技巧 （3）有关宏观环境分析方法 （4）管理公司的新项目的程序 （5）公司战略发展讨论会组织流程 （6）经营战略实施方案编写技巧
3	产品规划员	（1）公司产品规划和产品策略进行分析研究流程 （2）产品策略制定方法 （3）产品谱系整理方法 （4）新产品立项流程 （5）新产品公告申报流程 （6）产品局部改动建议报告编制流程 （7）组织相关部门进行产品讨论的流程

二、行政部培训课程

行政部培训课程项目

序号	岗位	培训课程项目
1	行政部主管	（1）年度、月度工作目标及工作计划撰写程序 （2）公司重要文件起草方法 （3）公司工作简报编写程序 （4）内部报刊管理规范 （5）重大公关活动组织方法 （6）庆典活动组织方法

续表

序号	岗位	培训课程项目
1	行政部主管	（7）外事接待活动组织方法 （8）重要会议组织方法 （9）办公费用及接待费用控制技巧 （10）主持对外部投诉的处理 （11）组织各部门的信息传递
2	行政秘书	（1）行政文件的登记、编号程序 （2）办公用品发放手续 （3）各部门办公用品需求汇总登记手续 （4）行政档案编号、清洁方法 （5）复印机的日常清洁程序 （6）传真机的日常清洁程序 （7）计算机的日常清洁程序 （8）办公室的内部清洁程序 （9）行政会议文具准备程序
3	后勤专员	（1）公司内各区域环境清洁程序 （2）清洁工具的清洗、保养方法 （3）员工入住宿舍手续 （4）员工宿舍突发事件处理程序 （5）员工宿舍退房手续 （6）员工食堂采购流程 （7）员工食堂检查流程 （8）员工食堂清洁流程

三、IT部培训课程设计

IT部培训课程项目

序号	岗位	培训课程项目
1	IT部主管	（1）IT部工作计划的制订程序 （2）信息系统建设规划程序 （3）信息系统管理方案制定程序 （4）IT技术培训方案 （5）服务器、计算机、网络设备的定期检修技术 （6）网站建设组织工作 （7）信息系统应用异常处理方法

续表

序号	岗位	培训课程项目
2	系统管理员	（1）信息系统的组成部分 （2）信息系统的运行流程 （3）信息系统用户权限设定程序 （4）信息系统运行数据记录 （5）信息系统的日志管理 （6）与信息系统集成提供商进行协调 （7）病毒库的升级周期、方法 （8）病毒检测技巧 （9）信息系统垃圾文件处理方法 （10）信息化设备登记建档 （11）信息化设备清洁保养流程
3	网站管理员	（1）网站的基础知识 （2）网站的日常更新程序 （3）公司网络专题报道的制作方法 （4）网站推广文案写作技巧 （5）发布与更新微博信息 （6）与微博粉丝互动的技巧 （7）发布与更新微信信息 （8）网站流量统计方法 （9）网站备案登记程序 （10）网站运营档案记录方法

四、人力资源部培训课程设计

人力资源部培训课程项目

序号	岗位	培训课程项目
1	人力资源部主管	（1）人力资源战略规划方案的编写方法 （2）人力资源管理制度的制定程序 （3）职位说明书的编制程序 （4）内部员工调配方案的编写 （5）公司人力资源报告的撰写技巧 （6）薪酬政策的制定程序 （7）晋升政策的制定程序 （8）员工奖惩的执行程序 （9）福利政策的制定程序 （10）高层管理人员离职面谈方法

续表

序号	岗位	培训课程项目
2	招聘专员	（1）制订员工招聘计划的流程 （2）各部门职位需求调查技巧 （3）职位需求分析报告的撰写方法 （4）招聘渠道的拓展流程 （5）招聘启事的撰写技巧 （6）招聘场地的联络与安排 （7）简历的初步审核程序 （8）应聘人员的面试安排 （9）应聘人员试用工作安排 （10）应聘人员领用物资的手续办理技巧 （11）校园招聘宣讲会的举行流程 （12）网络招聘启事的发布技巧
3	绩效专员	（1）绩效考核计划的制订流程 （2）各部门KPI指标的制定方法 （3）绩效考核表的制作方法 （4）绩效考核场地的安排 （5）新员工转正考核的流程 （6）新员工转正手续的办理 （7）员工晋升考核的流程 （8）新员工转正手续的办理 （9）考核结果分析报告的撰写技巧 （10）各部门KPI指标信息库的建立与维护 （11）各部门绩效考核档案的管理
4	薪酬专员	（1）工资报表的制作程序 （2）工资的发放手续 （3）工资发放单据的存档 （4）薪酬数据分析及统计报告的撰写技巧 （5）福利品的发放手续 （6）社会保险缴纳报表的制作方法 （7）社会保险缴纳程序 （8）薪酬调整报告的撰写技巧

五、培训部岗位培训课程设计

培训部培训课程项目

序号	岗位	培训课程项目
1	培训部主管	（1）培训计划的制订流程 （2）培训讲师的选拔方法

续表

序号	岗位	培训课程项目
1	培训部主管	（3）年度培训预算的编制流程 （4）各部门开展培训的指导技巧 （5）培训活动的组织技巧 （6）教育培训机构联系与沟通 （7）培训教材的审批、修订程序
2	培训讲师	（1）各部门培训要求统计报告撰写技巧 （2）培训的基本要求 （3）各部门培训要求统计分析方法 （4）培训班的组织程序 （5）培训教学的技巧 （6）与受训员工互动的技巧 （7）培训反馈信息的收集流程 （8）培训课程的设计流程 （9）培训课件的制作方法 （10）培训教材的编写程序 （11）培训结果的分析方法
3	培训部文员	（1）培训部文件的登记、保管程序 （2）培训设备的保养程序、技巧 （3）培训教材的打印技巧 （4）培训计划执行效果分析技巧 （5）与各部门的沟通技巧 （6）培训资料的购买程序、要求 （7）培训部办公室的整理技巧

六、财务部岗位培训课程设计

财务部培训课程项目

序号	岗位	培训课程项目
1	财务部主管	（1）公司财务工作计划的制订程序 （2）财务预算的编制方法 （3）财务组织架构的优化 （4）财务工作常用监督技巧 （5）财务资金筹措和使用方案的撰写程序 （6）成本预测的方法 （7）公司经营计划及各项经济合同的审查程序 （8）各部门财务培训的组织 （9）资金支出的审核知识

续表

序号	岗位	培训课程项目
2	会计	（1）基本财务知识 （2）会计法律法规 （3）会计业务手续 （4）会计资料的保管 （5）会计核算的程序、方法 （6）明细账、分类账、总账等账目的建立程序 （7）会计报表的制作技巧 （8）应收、应付账款的对账程序 （9）应收、应付账款的核算程序 （10）税收的核算方法
3	出纳	（1）基本财务知识 （2）财务法律法规 （3）各类型现金付款的手续 （4）工资发放的手续 （5）现金盘点的手续 （6）现金支出单据、签名、印章等凭证的审核方法 （7）提取大额现金的手续、安全知识 （8）日记账的程序
4	结算员	（1）基本财务知识 （2）财务法律法规 （3）结算月报表的编制方法 （4）采购资金的使用分析报告的撰写 （5）各种类型的结算手续 （6）应收款项的回收入账程序 （7）资金收入的报结程序

七、销售部岗位培训课程设计

销售部培训课程项目

序号	岗位	培训课程项目
1	销售部主管	（1）销售计划的制订程序 （2）销售目标的制定与分解流程 （3）销售例会的主持技巧 （4）销售工作流程的制定方法 （5）销售费用审批手续 （6）销售队伍的组建 （7）重大销售合同的谈判技巧 （8）重大销售合同的签订程序

续表

序号	岗位	培训课程项目
2	市场专员	（1）市场信息收集渠道 （2）市场调查基本程序 （3）市场调查分析报告的撰写技巧 （4）竞争对手评估报告 （5）市场状况分析方法 （6）竞争产品调查技巧 （7）市场拓展计划的编制程序 （8）市场信息数据库的建立
3	销售员	（1）客户拜访的程序 （2）客户回访的程序 （3）赢得客户的技巧 （4）客户关系维护技巧 （5）产品推销方法 （6）客户需求调查技巧 （7）客户需求反馈报告的撰写方法 （8）客户投诉的处理方法 （9）顾客的投诉记录 （10）销售欠款的催收程序 （11）销售数据的汇总 （12）上门客户的接待技巧
4	跟单员	（1）客户订单处理的程序 （2）客户订单审查的技巧 （3）客户订单的汇总登记 （4）客户修改订单的处理程序 （5）销售送货安排 （6）发货订单的制作方法 （7）销售回款跟踪技巧 （8）客户档案的登记、保管 （9）与财务部的沟通程序 （10）与仓库的沟通程序
5	报关员	（1）出口货物申报的基本程序 （2）报关单据的填制技巧 （3）退税、补税的申请 （4）与海关的沟通技巧 （5）与送货船只的接洽程序 （6）出口送货的监督方法

八、大客户部岗位培训课程设计

大客户部培训课程项目

序号	岗位	培训课程项目
1	大客户部主管	（1）大客户部的工作流程制定程序 （2）大客户开发技巧 （3）大客户的拜访技巧 （4）大客户投诉处理程序 （5）大客户日常联络方法 （6）大客户回访程序 （7）重大销售合同的签订程序 （8）大客户货款催缴技巧
2	大客户服务专员	（1）大客户服务知识 （2）大客户资料保管 （3）大客户档案登记、保管 （4）大客户电话联络技巧 （5）大客户电子邮件联络技巧 （6）大客户变动情况登记程序 （7）大客户投诉的登记程序 （8）大客户投诉处理的反馈程序 （9）大客户投诉信息的统计及分析方法
3	大客户销售专员	（1）大客户的开发程序 （2）大客户的沟通技巧 （3）大客户定期拜访技巧 （4）大客户疑难问题解决方法 （5）大客户销售方案的编制程序 （6）销售合同的签订程序 （7）大客户销售货款的回收 （8）大客户销售数据的统计与分析

九、广告企划部岗位培训课程设计

广告企划部培训课程项目

序号	岗位	培训课程项目
1	广告企划部主管	（1）广告企划部工作流程的制定 （2）公司大型形象宣传活动的组织 （3）公司大型展会的策划、组织 （4）公司标识系统的整体风格设计 （5）广告合作单位的选择方法 （6）广告合作机构的日常联络

续表

序号	岗位	培训课程项目
1	广告企划部主管	（7）公司整体广告营销战略的制定 （8）广告营销方式的拓展 （9）广告调度的程序
2	美工	（1）美工作业技巧 （2）色彩、颜料知识 （3）公司形象、标志系统知识 （4）公司广告宣传思路 （5）设计素材知识 （6）平面设计程序 （7）平面设计的基本方法 （8）公司各类标志的制作 （9）宣传用印刷品制作程序
3	文案策划员	（1）公司文化 （2）文案的形式、类别和基本结构 （3）文案的写作技巧 （4）精彩文案的创作原则 （5）经典文案案例学习 （6）文案写作营销点把握 （7）文案制作资料的分析方法 （8）宣传软文整理撰写技巧
4	品牌专员	（1）公司品牌认知 （2）公司品牌基本资料 （3）品牌分析技巧 （4）品牌分析报告的撰写方法 （5）产品品牌市场调研 （6）品牌危机的处理技巧 （7）品牌危机处理报告的撰写技巧 （8）品牌推广活动的组织程序 （9）品牌价值的评估方法 （10）品牌价值评估报告的撰写技巧

十、售后服务部岗位培训课程设计

售后服务部培训课程项目

序号	岗位	培训课程项目
1	售后服务部主管	（1）公司售后服务宗旨 （2）售后纠纷的处理技巧 （3）售后款项的处理程序

续表

序号	岗位	培训课程项目
1	售后服务部主管	（4）售后费用的控制方法 （5）异常售后问题的处理方法 （6）批量退货问题的处理程序 （7）大客户退货处理程序
2	客服专员	（1）公司售后服务宗旨 （2）售后服务礼仪 （3）售后服务常用语 （4）电话接听规范 （5）售后表格、单据填写与保管规范 （6）售后服务意见调查流程 （7）维修件的签收及登记程序 （8）维修件的打包方法 （9）维修件发件程序 （10）维修费用的统计
3	技术专员	（1）公司售后服务宗旨 （2）产品工艺知识 （3）产品生产流程 （4）产品配件知识 （5）产品安全、调试程序 （6）产品拆包技术 （7）外出维修程序 （8）外出维修费用收取手续（产品超过保修期，需额外收费时） （9）客户技术服务规范 （10）维修档案的管理知识

十一、采购部岗位培训课程设计

采购部培训课程项目

序号	岗位	培训课程项目
1	采购部主管	（1）需采购物资基本知识 （2）采购物资质量标准制定流程 （3）不同采购方式的比较 （4）各部门采购需求、计划审核流程 （5）供应渠道知识、新供应商开发方法 （6）大批量订货业务洽谈技巧、采购费用安排、控制方法 （7）采购价格控制方法 （8）采购合同的审核规范 （9）采购员业务监督技巧 （10）采购腐败的预防技巧

续表

序号	岗位	培训课程项目
2	采购员	（1）采购物资知识、采购员职业规范 （2）供应商的联络技巧、供应商管理方法 （3）市场行情及进货渠道知识 （4）采购谈判程序 （5）询价、比价、议价技巧 （6）采购合同的签订程序 （7）采购异常、退、换货的程序 （8）采购进度的跟踪程序 （9）采购纠纷处理程序、技巧

第二节 培训课程开发

培训课程开发是一项系统性的工作。因此，培训部在设计培训课程时要按一定步骤进行，如分析课程目标、确定课程目标等。

一、培训课程的构成要素

培训课程的构成要素如表 3-3 所示。

表 3-3 培训课程的构成要素

序号	要素	要素说明
1	课程目标	课程目标是指学习的方向和学习过程中各个阶段应达到的标准，应根据环境的需求来确定。在课程设计中，课程的目标是通过联系课程内容，以特定的行为术语做出表述，如采用"记住""了解""掌握"等一般认知指标；"分析""应用""评价"等较高级的认知指标；以及"价值""信念"和"态度"等情感性指标，对培训目标做出界定
2	课程内容	课程内容可以是学科领域内的概念、原理、方法和技能技巧，也可以是过程、程序、步骤、规范和标准

续表

序号	要素	要素说明
3	课程教材	课程教材是将学习的内容呈现给学员的载体,既包括精心编写的教学大纲,也包括报刊上的相关论文与案例,以及配套的音像教材、参考读物、学习指导、辅导材料等,形象地说,课程教材是一个囊括所有学习内容的资料包
4	教学模式	教学模式是指学习活动的安排和教学方法的选择,它与课程目标直接相关。好的教学模式能有效地体现课程内容,并采用配套的组织与教学方法,激发学员的学习动机,提高学习效率
5	教学策略	教学策略主要指教学程序的选择和教学资源的利用,它与学习活动密切相关,是学习活动的一个组成部分,例如,一个被普遍运用的策略是"判断→指令→评价",在这一策略中,教师分析学员的学习进展情况,判断他们遇到了什么困难,对学习顺序的下一个步骤做出指令,当学员完成指令后,教师做出评价,确定他们是否掌握了课程内容
6	课程评价	课程评价是用来评估学员对学习内容掌握的广度和深度,以及课程目标完成的程度。课程评价的方法有定性方法和定量方法两种,评价的重点应放在定量的测定上,衡量可以观察到的行为。例如,在报告学员的学习状况时,可将学员掌握学习内容的深度进行分级,由浅到深分别用A、B、C、D等符号表示
7	教学组织	教学组织形式主要包括面向学员的班级授课制和分组式授课制。后者是根据学员的学习能力和学习进度的不同,将学员分成若干学习小组进行培训,它为"因材施教"的个性化教学提供了可能,常被企业采用
8	课程时间	提高时间的利用率一般有以下几个途径;课程设计者要巧妙地配置有限的课程时间;教师要使学员在整个课程执行期间积极地参与学习活动,提高学习效率;科学地安排课后作业,有利于提高课堂时间的利用率
9	课程空间	课程空间主要指教室,以及其他可以利用的场所,如图书馆、实验室、艺术室、研讨室,甚至运动场等
10	培训讲师	培训讲师根据培训课程的目标和内容要求而定,是培训课程的执行者。培训课程要求培训讲师的能力强、知识面广,能驾驭课程,引导学员达到课程目标
11	学员	学员是培训课程的主体,他们不但是课程的接受者,同时也是一种可利用的学习资源。应全面考察学习背景和学习能力,并在培训过程中充分调动学员参与培训课程学习的积极性,使培训效果最佳、效益最优

二、课程教学计划的内容

教学计划是实施培训计划,提高教学质量,确保教学工作顺利进行,实现培训总目标的具体的执行性和操作性计划。它既是受训人员参与培训学习活动的主要依据,也是指导实施教学行为的行动方案。

由于企业培训对象不同,因此进行教学设计的具体方法、步骤也会有所不同,但基本内容大体一致,教学计划的基本内容主要包括:教学目标、课程设置、教学形式、教学环节、教学时间安排五个主要方面,如图3-8所示。

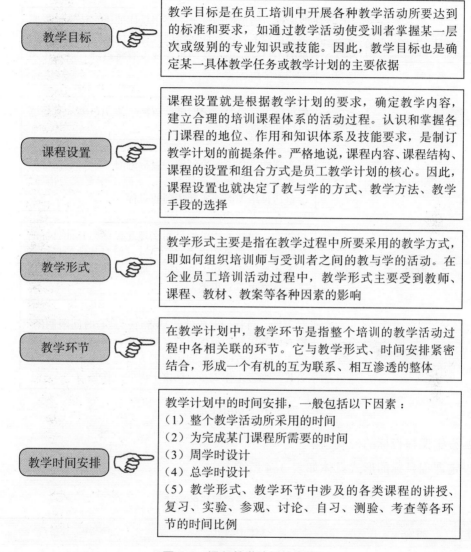

图3-8 课程教学计划的内容

三、课程设计的步骤

（一）分析培训课程

培训课程分析是培训管理的重要步骤。分析阶段的总体目标是确定学员必须掌握的岗位工作知识和技能。

（二）确定课程目标

1. 设定目标的原则

设定课程目标应该符合 SMART 原则，如图 3-9 所示。

明确性。所谓明确性就是要用具体的语言清楚地说明将要达成的目标。许多培训课程未能取得预期效果就是因为目标定得模棱两可，或没有将目标有效地传递给相关学员

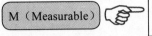
衡量性。应该有一组明确的数据，作为衡量是否达成目标的依据

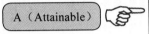
可实现性。在设定培训课程目标的时候，要根据学员的素质、经历等实际情况，以实际工作要求为指导，设定通过培训而能实际达到的目标

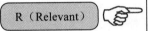
相关性。目标的相关性是指实现此目标与其他目标的关联情况。如果实现了这个目标，但对其他的目标完全不相关，或者相关度很低，那这个目标即使被达到了，意义也不是很大。

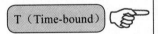
时限性。目标的时限性就是指目标是有时间限制的。没有时间限制的目标没有办法考核，或造成考核结果的不公。没有明确时间限定的方式也会带来考核的不公正，伤害工作关系，伤害下属的工作热情

图 3-9　SMART 原则

2. 设定课程目标的形式

设定课程目标的形式具体如表 3-4 所示。

表 3-4　设定课程目标的形式

序号	类别	具体内容	备注
1	行为目标	它是对学习者通过培训以后将能做什么的一种明确、具体的表述。行为目标的编写，要指出行为主体，描述学员通过培训后所要达到的行为上的变化，说明产生行为的条件，指出评定行为的标准，包括主体、行为、条件、标准四个要素	一种具体的、可观察的培训教学目标，即学习目标
2	展开性目标	在一定程度上弥补了行为目标的不足，重视了培训讲师、学员本身的个性特点和发展机会，但也呈现出过于理想化的倾向，实际的操作和采纳有相当的困难	强调根据课程教学的实际进展情况提出相应的目标，而不是由外部事先设定目标

续表

序号	类别	具体内容	备注
3	表现性目标	重视的是人的个性,尤其是培训讲师和学员在课程教学中的自主性、创造性。同时,表现性目标以解决问题为目标,进一步弥补了行为目标的不足	美国课程理论家艾斯纳提出的编写课程目标的一种主张

（三）撰写课程纲要

课程纲要就是在明确了培训目标之后,对培训内容和培训方式的初步设想。课程纲要给课程设定了一个方向和框架,整个课程将围绕着这个框架一步步充实和延伸。

1. 撰写课程纲要的流程

在编写课程纲要的时候,培训讲师首先根据课程目标写下主题,然后为提纲搭建一个框架,写下每项想讲的具体内容,选择各项内容的授课方式,最后修改、重新调整安排内容。

2. 设计合适的内容

要设计合适的内容,培训讲师要考虑的因素包括课程的适用性、可行性、互动性、关联性、实用性,以及课程内容与学员知识水平的协调性。下面提供一份课程纲要范本,仅供参考。

××有限公司组织结构课程纲要

时间	主题	内容
5分钟	致辞	由培训讲师致辞,对课程进行介绍
20分钟	何谓组织	（1）组织的特征 （2）组织的重要性
30分钟	组织的形态和构造	（1）公司的组织架构 （2）各部门的组织 （3）各部门的责任和权力
20分钟	公司规章制度	介绍公司的各类规章制度,方便学员掌握其要点
10分钟	学员讨论	由学员对培训讲师所讲的内容进行讨论,以巩固学习成果
5分钟	结论	由培训讲师对本堂课做出总结

（四）课程评估

课程评估是一种特殊的评估活动，其目的在于对课程做出评价，保证课程的有效性、合理性。课程评估可以通过以下方式进行。

1. 有效试讲

在课程设计阶段完成之后，可以进行试讲。试讲可以单独进行，也可以邀请他人辅助。试讲并非一定要按照设计的课程纲要逐步进行，也可尝试跳跃式的试讲，随意截取一段，开始进行表达，同时想象未来的真实场景和学员可能的反应，让自己融入课程的"真实试讲"中。

如果有他人配合进行试讲，可采用"角色扮演式试讲"等方法，尽可能真实展现培训场景和氛围，在沟通与讨论中对培训进行评估。

2. 评价和反馈对象

要从每一个参与者、观摩人员和培训讲师那里获得对课程的评价。参与者可以包括目标人群中的成员、预定的培训讲师和项目相关人员。试讲中唯一不能缺少的观摩人员就是课程设计人员。

3. 收集和分析反馈意见

提出那些有必要找出答案的问题，使用那些与评价样本中的问题一致的问题。样本中包括那些学员可以按照某种标准评分的问题和简答题。评分问题（见表3-5）易于计算，且具有高度的导向性。简答题（见表3-6）需要花更多的时间来整理和分类，但是能鼓励学员发表真实的反馈意见。不过，实际运用中这两种问题的结合才能得到最有效的反馈。

表3-5　评分式评价采用的问题

在1～10分的标准中，10分为最高分，请圈出你的评分，以此作为对以下内容的评价。		
题号	评价内容	评价分值
1	本课程对培训你来说有多大价值	1 2 3 4 5 6 7 8 9 10
2	课程组织得如何	1 2 3 4 5 6 7 8 9 10
3	课程结果是否清晰、明确	1 2 3 4 5 6 7 8 9 10
4	案例研究、举例及其他联系是否切实有效	1 2 3 4 5 6 7 8 9 10
5	课程资料在多大程度上切合你的情况	1 2 3 4 5 6 7 8 9 10
6	在学习过程中，你获得了多少参与的机会	1 2 3 4 5 6 7 8 9 10

续表

题号	评价内容	评价分值
7	学员用书在学习期间用途有多大	1 2 3 4 5 6 7 8 9 10
8	你认为学员用书作为培训中的一种资源文件，它的用途有多大	1 2 3 4 5 6 7 8 9 10
9	培训讲师在讲授课程内容方面的知识水平如何	1 2 3 4 5 6 7 8 9 10
10	培训讲师在讲授课程内容方面的有效程度如何	1 2 3 4 5 6 7 8 9 10
11	培训讲师在与学员交流方面的效果如何	1 2 3 4 5 6 7 8 9 10
12	本课程在多大程度上满足了你的需要	1 2 3 4 5 6 7 8 9 10
13	你会不会向别人推荐这门课程	1 2 3 4 5 6 7 8 9 10

表3-6 简答式评价采用的问题

简答式评价采用的问题
1. 你最喜欢本课程的哪些方面？
_____
_____

2. 你最不喜欢哪些方面？或者说，哪些方面好像没有效果？
_____
_____

3. 你对改进学习有什么意见或建议？
_____
_____

4. 撰写总结报告

根据评论意见、学员的培训结果、培训讲师的评价和课程设计相关人员的评论，撰写一份综合的总结报告。

报告中要涉及参与者评价表格中评分问题的平均分数，并且要记录反馈评论中的倾向性。报告还要包含没有参与试讲的人的评分和评论，作为单独的一个部分。这种做法会使反馈意见更加清楚，有助于确定需要改进的重点。

下面提供一份培训评估总结报告，仅供参考。

> 范本

××有限公司培训课程评估总结报告

1. 本次培训您觉得最有收获的是什么？

（1）95%参加培训的同事认为重新熟悉和了解公司产品和服务的优势，提高了自己的一些销售技巧。

（2）92%参加培训的同事认为了解了公司各部门的定位及发展方向。

（3）82%参加培训的同事认为认识同事、了解公司的文化并确定了方向。

2. 本次培训您最喜欢的是什么？

（1）72%参加培训的人喜欢案例讨论环节。

（2）69%参加培训的人喜欢轻松的气氛和出色而耐心的讲师。

（3）97%参加培训的人喜欢销售培训和所发的书。

（4）82%参加培训的人喜欢经验分享和产品介绍。

（5）79%参加培训的人喜欢明确公司的定位、要求与发展方向。

（6）59%参加培训的人喜欢培训地点。

3. 本次培训您最不喜欢的是什么？

（1）2%参加培训的人不喜欢课程的室外拓展。

（2）1%参加培训的人不喜欢课程的教材。

（3）2%参加培训的人不喜欢课程的时间较短。

（4）3%参加培训的人不喜欢课程的培训内容比较浅显，不够细致、深入。

4. 如果我们再做这个培训您建议我们做什么调整？

（1）提高讲解产品的清晰度。

（2）多做些案例分析。

（3）公司管理及营销的介绍最好能具体些。

（4）增加更多与实践相结合的内容。

（5）增加销售方面的讲解，最好能有一些专业培训。

（6）增加分享成功案例机会。

（7）提高培训讲师的素质。

5. 您最想参加的培训课程？

（1）参加销售、案例分析的培训，增加对竞争对手的分析。

（2）集中化的专业知识培训。

（3）深入了解产品的具体内容以及在操作中遇到的实际问题、困难，介绍一些可以借鉴的经验并且讨论新的解决办法。

（4）喜欢销售培训并希望增加销售培训机会的人数相对多一些。

(五) 课程修订

1. 课程修订依据

一门新课程在评估之后就进入修订阶段，它是以培训讲师、学员、专家、课程设计相关人员、培训项目相关人员的评论为依据。课程的修订应该是一个连续性的过程。

2. 课程修订频率

课程修订的频率取决于课程内容的培训环境。如果课程与高科技有关，可能每两个月就需要修订一次；销售方面的课程可能需要每半年修订一次；在没有任何实质性变化的环境中，可能只需要每两年修订一次课程。

3. 课程修订流程

课程修订流程如图3-10所示。

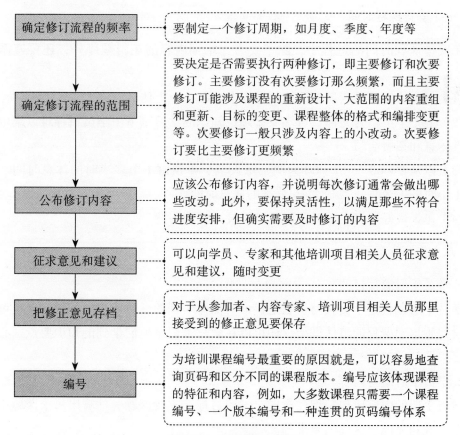

图3-10 课程修订流程

（六）设计课程流程

不管什么培训课程，都要求培训内容组织得有条不紊，符合逻辑，这样才易于学员理解。这就是课程设计人员的首要任务——按照课程内容的逻辑组织课程内容。

下面给出一个工作程序，它将帮助课程设计人员把培训课程安排得条理清晰且符合逻辑，这样才能更好地被学员接受。培训内容安排程序如表3-7所示。

表3-7 培训内容安排程序

序号	步骤	具体说明
1	安排学习目标	将课程总的培训目标分成一组较小的目标，每一课程不应该包含太多的学习目标（如在1小时内进行一项需要实际操练的培训课中，要完成6个目标就显得太多了）
2	安排课程内容	将每节课的目标和具体内容按照要求排列起来，增加授课细节
3	确定时间	确定完成每个目标所需要的时间，把这些时间累加起来得到该单元所需的总时间
4	检查调整	检查每一课的初步安排，进行必要的调整

（七）安排课程时间

在安排课程时间的过程中，除了要考虑培训内容的逻辑顺序外，还要遵循以下原则。

（1）每天的学习重点最多不能超过5个，以3个为佳。

（2）上午学员精力充沛，可多安排理论知识的学习；下午学员精神难以集中，要多安排休息和拓展活动。

（3）以从9：00～17：00为例，每天至少要预留1个多小时的休息时间，其中包括1小时的午饭时间，三次15分钟的休息时间。

（4）每天最好留出半小时的时间来答疑或处理问题。

（八）编写学员手册

1. 学员手册编写目的

学员手册也就是学员教材，它是供参与团体培训的学员所用的材料。学员可以通过教材熟悉培训课程的整体框架，还可以在教材上记录他们学到的知识要点、心得以及将要采取的行动。

2. 学员手册编写内容

学员手册的内容应包括课件意图、学习目标、主要课题、估算出每个课题历时的课程图、成功完成该课程的要求等。

第三节
制作培训课件与幻灯片

一、制作课件

（一）课件制作目的

制作课件的目的就是让培训讲师在培训的过程中能够系统地演绎所要讲授的知识。没有经过精心制作的零散课件难以发挥作用，因为它不能有效帮助培训讲师阐述所要传授的内容。

（二）课件的制作步骤

1. 理论知识

理论知识是培训课程的中心内容，培训讲师可以围绕培训的主题，从相关书籍、杂志、网络上，去寻找这部分资料。

2. 相关案例

案例的获得可以通过和相关同事的交流、平时的观察和信息积累等途径。如果培训讲师有足够的能力，也可以根据课程开发的需要，自己设计相应的案例。无论是从哪里获得的案例，都要有针对性，即案例的场景确实是学员在日常工作中经常会遇到的。更重要的是，案例的分析要准确而全面。

二、制作幻灯片

幻灯片（PPT）是集声音、图像、文字于一体的电脑演示文稿，它最大的好处是激发学员的学习兴趣，并对培训讲师的课程起着提纲挈领的作用。培训讲师可以将大纲和主要步骤列于幻灯片中，以便在课堂上给学员放映演示。

（一）幻灯片制作包含元素

幻灯片制作包含元素具体如表3-8所示。

表 3-8 幻灯片制作包含元素

序号	要素	具体操作	备注
1	界面	界面的设计要求具有美感，比例恰当，图文分布均匀，整体简洁连贯。界面一般分为标题区、图文区两部分。标题要求简洁明了，反映主要内容。图文区的内容是对标题的说明和讲解，要求紧扣标题。图文安排要疏密有致、赏心悦目	
2	颜色	在颜色的选用上，主要有红、蓝、黄、白、青、绿、紫、黑 8 种颜色。背景色宜用低亮度或冷色调的颜色，而文字宜选用高亮度或暖色调的颜色，以形成强烈的对比。例如，可以用黑白色作为背景，用蓝色和绿色作为主基调，用黄色和白色强调某些内容	
3	文字	标题和关键文字应用大于正文的字号和区别于正文的字体来标示。重点语句应采用粗体、斜体、下划线或色彩鲜艳的字体，以示区别	
4	图表	幻灯片中常用的图表有两种：一种是作为图形、图案来点缀界面的；另一种是用来对文字内容做辅助说明的，比如流程图、柱状图等	
5	声音	（1）在幻灯片中加上背景音乐，可以起到渲染气氛、提请注意的作用，注意要选择轻柔悦耳的音乐，不要选择刺耳的音乐 （2）培训讲师还可以用软件制作声音文件添加到演示文稿中，比如添加自己的朗读案例、说话的声音等，这些"额外"的声音可以使培训变得生动有趣	
6	动态效果	使用电脑制作演示文稿的好处之一就是能让所有的元素动起来，培训讲师可以给每一张幻灯片设置切换效果和停留时间，甚至每一行的文字都可以不同的形式出现	
7	备注页	幻灯片有一个很有用的"备注"功能，每一张幻灯片都对应一个 Word 形式的备注。毕竟幻灯片只是培训内容的一个提纲，究竟该怎么讲，该讲些什么还需要培训讲师按照培训内容的逻辑顺序牢记在脑海中	

（二）注意事项

制作幻灯片应注意以下事项。

（1）简单、清楚、明了，每一页只表达一个主题。

（2）每一页的讲解循序渐进、逐渐深入，用动画或者其他图片来强调重点。

（3）利用多彩的颜色来增加学员兴趣并活跃课堂气氛。

（4）每一页不要超过 10 行文字，每一行不要超过 10 个字。

（5）不要使用模糊不清的文字或图片。

（6）根据投影的距离，合理采用不同字体、线条以及屏幕上的空间位置。

第四章
培训计划与经费预算

章前概述

培训计划是从公司组织战略出发，在全面、客观的分析基础上做出的对培训内容、培训时间、培训地点、培训者、培训对象、培训方式和培训费用等的预先设定。一个科学完整的培训计划能够使培训取得事半功倍的效果。

思维导图

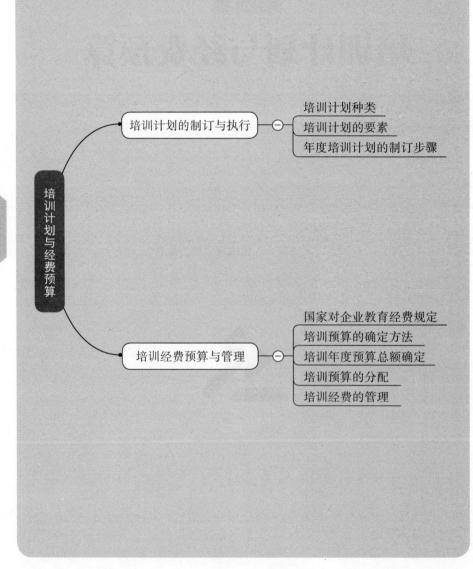

第一节 培训计划的制订与执行

一、培训计划种类

（一）按时间划分的培训计划

以培训计划的时间跨度为分类标准，可将培训计划分为长期、中期和短期三种类型，具体如表4-1所示。

表4-1 按时间划分的培训计划

序号	类别	具体内容	备注
1	长期培训计划	一般指时间跨度为3～5年或以上的培训计划	时间过长，则难以做出比较准确的预测；时间过短，就失去了长期计划的意义
2	中期培训计划	时间跨度为1～3年的培训计划	长期培训计划的进一步细化，同时又为短期培训计划提供了参考
3	短期培训计划	时间跨度在1年以内的培训计划	需要着重考虑计划的可操作性和效果

（二）按层次划分的培训计划

按培训计划的层次进行划分，培训计划可以分为三个层面，分别是全局性的公司整体培训计划、各部门的培训计划和个人的培训计划。如图4-1所示。

公司整体培训计划主要涉及公司培训形势分析、培训总体目标、公司培训资源、公司培训策略等方面的内容。它的主要目的在于明确组织培训工作所面临的外部环境和内部条件，并提出解决问题的整体方案，规定公司培训的发展方向

部门培训计划是各部门具体培训工作的实施规划，是公司培训计划得以贯彻的基础保障，没有这一计划，公司培训计划只能是空中楼阁

图4-1

个人培训计划既有利于个人的发展和提高,也是顺利实现前两个计划必备的手段,将整体、宏观的计划或是培训目标分解开来,具体落实到每个人,这样就使得培训计划不再是空中楼阁

图 4-1　按层次划分的培训计划

(三) 按培训对象划分的培训计划

1. 管理层培训计划

管理层是指公司各级管理人员,管理层的培训计划可参考下例。

范本

××有限公司管理层培训计划

序号	培训项目	培训内容	培训时间	培训方式	培训讲师	培训地点
1	现代公司领导艺术	1. 领导行为与管理行为的辩证关系 2. 领导者的素质,成功公司及其领导人的经验 3. 方阵游戏案例分析	2021.3	集中授课	总经理副总经理	公司培训室
2	公司风险与危机管理	1. 公司如何看待风险和危机 2. 公司全面风险管理的基本理念 3. 建立公司全面风险管理体系 4. 风险管理的有效性测试 5. 公司全面风险管理实务操作	2021.4	集中授课	总经理副总经理	公司培训室
3	创造一个学习型组织	1. 为什么要成为学习型组织 2. 怎样才能成为一个学习型组织 3. 组织承担的学习责任 4. 个人承担的学习责任	2021.6	集中授课	总经理副总经理	公司培训室
4	公司教练——如何辅导劝导与训练下属	1. 公司教练的意义和作用 2. 公司教练模式 3. 被训练者的学习	2021.8	集中授课	人力资源经理	公司培训室
5	高效管理者成功要素	积极主动、以终为始、要事第一、双赢思维、知己知彼——同理心沟通、协作增效、不断更新	2021.10	集中授课	总经理副总经理	公司培训室

2. 基层员工培训计划

基层员工是指公司内部从事日常作业的员工。基层员工培训计划如下例所示。

××有限公司基层员工培训计划

序号	培训项目	培训内容	培训时间	培训方式	培训讲师	培训地点
1	卓越执行力——提高公司核心竞争力	1. 公司组织体系与执行力 2. 公司制度体系与执行力 3. 公司文化体系与执行力 4. 公司领导权威与执行力 5. 如何有效提升培训者自身的执行能力	2021.4	集中授课	各部门经理人力资源部培训专员	公司培训室
2	思维创新解决问题	1. 创新思维的意义和方向 2. 创新思维问题解决的步骤、方法和工具 3. 团队合作创新思维解决问题	2021.5	集中授课	各部门经理人力资源部培训专员	公司培训室
3	有效的沟通	1. 沟通的基本概念 2. 沟通风格 3. 聆听技巧与特点 4. 沟通障碍与策略	2021.7	集中授课	各部门经理人力资源部培训专员	公司培训室
4	组织变动与舒缓压力	1. 辨识压力 2. 压力的来源 3. 工作压力的四个主要诱因 4. 心理压力带来的影响 5. 区分良性压力与负面压力 6. 有效沟通缓解人际压力 7. 心理调节提高情商能力 8. 用积极的心态造就成功人生	2021.9	集中授课	各部门经理人力资源部培训专员	公司培训室
5	专业形象与商务礼仪	1. 专业人士的装束礼仪与形象设计 2. 专业人士的商务礼仪 3. 商业人士的社交礼仪	2021.11	集中授课	各部门经理人力资源部培训专员	公司培训室

二、培训计划的要素

培训计划的要素如表4-2所示。

表 4-2 培训计划的要素

序号	要素	说明
1	培训目标	培训目标是考核培训效果的标准，分为总体培训目标和单项培训目标。培训目标要满足以下几个方面的要求： （1）应适应公司业务发展 （2）公司发展战略对人力资源开发与培训的要求 （3）公司各职能部门的培训需求 （4）公司员工、管理者对适应新岗位和新职位要求 （5）公司安全经营要求 （6）员工个人发展需求
2	培训内容	应针对不同部门、不同岗位、不同层次的工作人员，分别设计不同的培训内容，使培训内容具有较强的实用性
3	培训对象	准确选择培训对象，区分主要培训对象和次要培训对象，有助于加强培训的目的性，增强培训效果，控制培训成本
4	确定培训规模	培训规模受很多因素的影响，如公司的规模、培训力量的强弱、培训场所的大小等。具体培训规模应根据公司实际情况确定。培训方式是决定培训规模的一个重要因素。例如，使用计算机进行培训，培训规模通常较小；使用讲授、讨论、个案、角色扮演等方法进行培训，要求培训规模适中
5	培训场所	选择培训场所要根据受训人数、培训内容和培训方式等来决定。确认后的培训地点要及时通知受训者和培训讲师
6	培训时间	一期培训的时间从几十分钟到数周不等。培训内容、费用和培训对象来源都能影响培训时间。影响培训时间的还有培训对象的工作时间和业余时间的分配。大部分培训都是在工作时间内进行的。虽然可以考虑利用培训对象的业余时间，但这样做时，必须首先征求培训对象的意见
7	培训费用预算	培训费用直接影响着培训计划的编制，以及培训实际效果的好坏。培训的主要费用是培训讲师的工资以及培训用具的相关费用。如果使用外部培训人员，可能在费用上会有所增加，但是只要培训效果好，则可以弥补相应的损失
8	培训讲师	培训讲师担负着公司员工培训的重任，培训讲师素质的高低直接影响公司人力资源素质的高低，进而影响着公司的发展。因此，培训讲师的选择和培养对公司来说至关重要。选择和确定培训讲师要从公司的实际情况出发

三、年度培训计划的制订步骤

年度培训计划是年度经营计划的一个组成部分，也是人力资源部门的年度工作重点，不仅需要做好相应的统筹安排，还要组织制订具体的计划内容。培训计划的提案依据，是年度战略目标规划，在对员工能力素养的评估后，再进行系统的培训计划及要求制订工作。如图 4-2 所示。

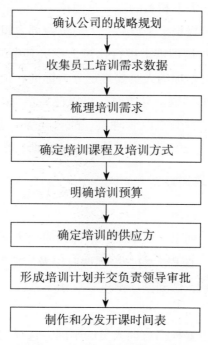

图 4-2　年度培训计划的制订步骤

（一）确认公司的战略规划

培训要支撑公司战略，培训部门在制订明年培训计划时需要考虑到公司明年的战略。企业培训的最终目标是为了现实企业战略规划而服务的，所以及时洞察公司战略要求，聚焦需要重点培养的人群，是对于做好培训工作至关重要的一步。

（二）收集员工培训需求数据

培训需求包括两个层面：一是年度工作计划对员工的要求；二是员工为完成工作目标需要做出的提升。通过两个层面的分析，得出公司年度的培训需求。实际上，培训需求是和员工的绩效紧密结合在一起的，因此在设计员工培训结构化表格的时候，要结合员工的绩效来做。具体来讲，可以设计这样几个维度：知识、技能、态度，在过去一个绩效周期内，员工在知识、技能、态度方面和公司的要求存在哪些差异，把这些差异点找出来，作为员工改进计划，并列入培训需求计划。

（三）梳理培训需求

收集员工培训需求数据后，若培训需求过多，很杂很乱怎么办？这时就要对培训需求进行梳理。

需要从战略视角、工作任务视角和员工成长视角来进行深入分析，哪些是员工需要提升的关于工作任务的技能，基于员工具体的工作场景来分析其面临的问题来决定要培训的内容，把和工作任务不相关的需求过滤掉。

当每个部门把培训需求提报上来以后，人力资源部要组织汇总培训需求，然后结合公司的年度目标任务，与培训需求进行比对，找出其中的契合部分，并汇总整理，形成培训需求汇总表。负责培训的人员要选定分类标准，把培训需求分好类别，在分好类别的基础上确定培训的课题。分类时，可以按照培训的内容来分类，如财务类、人力资源管理类、营销类、执行类、管理类、战略类等。也可以按照培训对象来分，如新员工岗前培训、普通员工培训、中层管理人员培训、高级管理人员培训等。

（四）确定培训课程及培训方式

1. 列出培训课程

根据确定的培训需求，列出一张单子，上面列明用来匹配培训需求的所有种类的培训课程，列出培训目标、课程大纲、培训课时以及实施时间。在设计培训课程时，要注意课程的先后逻辑关系，做到循序渐进、有条不紊。

2. 明确培训方式

培训方式的选择上，也要根据参训人员的不同，选择出最适合的方式。例如中层管理人员培训，培训重点在于管理者能力的开发，通过培训，激发经理级员工的个人潜能，增强团队活力、凝聚力和创造力，使中层管理者加深对现代企业经营管理的理解，了解企业内外部的形势，树立长远发展的观点，提高中层管理者的计划、执行能力。

培训方式有：选择内训或外出参加公开课方式、通过集中讨论与自学相结合的方式、部门经理负责对下属提供学习和管理的机会等。

（五）明确培训预算

1. 制定培训预算

接下来就是要根据确定的培训课程，结合市场行情，制定培训预算。

制定培训预算要考虑多种因素，如公司业绩发展情况、上年度培训总费用、人均培训费用等，在上年度基础上根据培训工作的进展情况考虑有比例地加大或缩减培训预算。

做培训费用预算时应与财务沟通好科目问题，一般培训费用包括讲师费、教材费、差旅费、场地费、器材费、茶水餐饮费等，一项培训课程应全面考虑这些费用，做出大致预算。在预算得出后，可在总数基础上上浮10%～20%，并预留弹性空间。

培训预算要经过相应领导的批示。

2. 修订符合预算的清单

经常会遇到的情况是总培训需求量超出培训预算。在这种情况下，需要进行先后排序，并决定哪些课程将会保留而哪些课程不会。最好方法是通过咨询各业务部门经理，确定哪些培训是最重要的。基本的考虑是哪些课程可能对参训员工绩效产生积极影响，进而提升公司的总体业绩。

（六）确定培训的供应方

当有了最终版的课程清单，接下来我们需要决定如何去寻找这些培训的供应方。首先是决定使用内部讲师还是聘请外部讲师。内部讲师的好处是成本较低，而且有时比外部讲师更了解组织现状和流程。但有时内部无法找到讲授某个课程的专家，就必须寻找外部讲师。

（七）形成培训计划并交负责领导审批

1. 编写一份高质量的年度培训计划书

为使年度培训计划的制订更加有效，人力资源部应该编写一份高质量的年度培训计划，一份高质量的年度培训计划书应具备以下功能。

（1）能够充分展示培训部门对公司未来一年培训工作的整体思考。

（2）能够让上级领导清楚地知道，培训部门准备做哪些具体工作，以及为什么要做这些工作。

（3）能够让上级领导清楚地知道，培训部门做这些工作将要投入的资源和获得的回报。

（4）针对上级领导可能出现的所有主要疑虑，培训部门都有应对方案。

（5）能够让上级领导感觉到培训部门人员的敬业精神、责任感，并具有较强的专业能力。

2. 培训计划的审核

初步制订出来的培训计划先在内部进行审核，由人力资源部的负责人和主管一起分析、讨论该年度培训计划的可执行性，找出存在的问题，进行改善，确定一个最终版本，提交给培训工作的最高决策机构——总经理办公会（或者董事会）进行审批。公司最高领导者要从公司长远发展的角度出发，制订公司员工培训的长远规划，并写进公司的年度计划中。

（八）制订和分发开课时间表

接下来，人力资源部应该制作一份包含所有计划运营培训的开课时间表，列明开课的时间和地点。通常的做法是制作一本包含相关信息的小册子，如课程描述、这本小册子将被分发给所有的部门作为一份参考文件（若需要，某些组织可拷贝给所有员工）。

范本

某企业年度培训计划书

一、2022年度培训计划说明

公司现状分析

××有限公司自2012年6月成立至今，已有员工××人，公司员工的基本素质状况及公司的相关情况如下。

1. 公司目前××名员工，其中男性××人，占××%，女性××人，占××%，本科以上学历××人，占××%，20～30岁之间年龄的××人，占××%，以上数数据可以看出公司拥有一支非常年轻的团队，一线人员素质在业界属于中上水平，但员工流动性较大，公司凝聚力较弱。

2. 公司目前各项工作有待进一步细化与深化，很多工作程序需要优化与改进，员工制度化、程序化、标准化意识淡薄，团队精神与协同观念不强，各级管理人员管理技能与领导水平有待提高。

3. 公司员工培训工作一直未开展，未建立相关培训体系，培训对象及培训师资板块没有投入，因此培训效果评估也未落到实处。

二、2022年度培训工作重点

针对以上问题，结合公司实际情况及相关制度和计划，2022年培训工作的重点在以下几个方面。

1. 公司培训工作要力争全面覆盖，重点突出，要在实际的培训工作中不断丰富培训内容，拓展培训形式，优化培训流程，明确培训目的，增强培训效果。

2. 随着新员工的加入，要做好入公司前、上岗中、工作后各项培训与培养工作计划，帮助他们度过适应期。

3. 要提高员工的职业意识与职业素养，提升其主动积极的工作态度与团队合作与沟通的能力，增强敬业精神与服务观念，加强其专业水准。

4. 要针对公司管理人员的管理水平、领导能力等问题开展《中层管理人员管理技能提升》培训，计划以外训带动内训，坚持培训内容以通用管理理论为主，坚持培训目的以提高管理技能为主，坚持培训方式以加强互动交流为主，以不断提升中层管理人员的管理能力与领导水平。

5. 对于新入职员工，力争在一个星期内对他们进行入职培训，培训内容包括公司简介、企业文化、公司规章制度、员工日常行为规范、服务标准等，让新进员工能快速融入公司环境。

6. 要不断完善培训制度与培训流程，加强培训考核与激励，建立培训反馈与效果评估机制，健全培训管理与实施体系。

三、2022年度培训课程计划

此培训计划是根据公司2022年年度工作计划与发展目标，以及人力资源部对公司各部门、各岗位员工培训需求进行分析、预测，然后制订的培训计划方案。具体包括《2022年新员工入司培训计划》《2022年度职能人员职业素质、能力提升培训计划》《2022年度职能人员职业素质、增值服务项目及能力提升培训计划》等3项培训，在实际实施过程中会有所调整，以具体的培训内容为准。

2022年新员工入司培训计划

序号	培训主题	培训对象	培训讲师	培训课时	培训形式	培训时间	培训考核	备注
1	企业简介、企业文化	新进员工	人事行政专员	1	内部培训	新入职员工达3人后统一组织实施，不足3人则2个月组织一次	书面考试	
2	员工手册、管理制度	新进员工	人事行政专员	4	内部培训		书面考试	
3	劳动合同、社会保险相关内容	新进员工	人事行政专员	4	内部培训		书面考试	
4	岗位职责及相关工作内容培训	新进员工	各部门主管	2	内部培训	新员工入职三天内进行培训	书面考试	
5	财务借支及报账制度培训	新进员工	出纳	1	内部培训	新进员工一周内培训	无	

2022年度职能人员职业素质、能力提升培训计划

序号	培训主题	培训对象	培训讲师	培训课时	培训形式	培训时间	培训考核	备注
1	劳动合同及社会保险相关内容	全体员工	人事行政专员	2	内部培训	2022.3.2～3.6	书面考试	
2	员工与企业的关系	全体员工	人力行政主管	2	内部培训	2022.3.16～3.20	心得总结	

续表

序号	培训主题	培训对象	培训讲师	培训课时	培训形式	培训时间	培训考核	备注
3	心态决定一切	全体员工	人力行政主管	2	内部培训	2022.3.23～3.27	心得总结	
4	团队意识培训	全体员工	总经理	1	内部培训	2022	心得总结	
5	时间管理培训	全体员工	人力行政主管	2	内部培训	2022.4.13～4.17	心得总结	
6	团队户外拓展训练	全体员工	人力行政主管	1	外训	2022.4.20～5.30	心得总结	
7	推广案例分享讨论	运营部员工	运营部负责人	4	内部培训	2022.3.15～3.20	心得总结	
8	岗位职责培训	全体员工	各部门负责人	2	内部培训	2022.3.30～4.3	书面考试	
9	绩效考核培训	全体员工	各部门负责人	2	内部培训	2022.4.7～4.10	书面考试	
10	互联网＋企业制胜法则	全体员工	总经理	2	内部培训	2022	书面考试	

2022年度职能人员职业素质、增值服务项目及能力提升培训计划

序号	培训主题	培训对象	培训讲师	培训课时	培训形式	培训时间	培训考核	备注
1	打造一流团队	全体员工	总经理	1	内部培训	2022	现场考核心得总结	
2	在工作中进行情绪与压力调试	全体员工	人力行政主管	3	内部培训	2022.4.27～4.30	心得总结	
3	保持积极心态	全体员工	人力行政专员	3	内部培训	2022.5.4～5.8	心得总结	
4	提升执行力	全体员工	人力行政专员	3	内部培训	2022.5.18～5.22	心得总结	
5	通用管理能力培训	管理人员	人力行政主管	1	内部培训	2022.3.9～6.30	心得总结	
6	团队户外拓展训练	全体员工	人力行政主管	1	外训	2022.6.15～8.10	心得总结	

续表

序号	培训主题	培训对象	培训讲师	培训课时	培训形式	培训时间	培训考核	备注
7	个人职业规划	全体员工	人力行政主管	1	内部培训	2022.3.9～3.13	现场考核心得总结	
8	没有任何借口	全体员工	总经理助理	1	内部培训	2022.7.11～7.15	心得总结	
9	销售能力与技巧	销售部员工	销售部负责人	6	内部培训	2022.8.22～9.26	心得总结	
10	商务礼仪	全体员工	HR总监	3	内部培训	2022.10.12～12.12	心得总结	

四、2022年度培训费用预算

2022年度培训费用预算表

序号	项目	培训形式	次数	计划费用（元）	备注
1	学习用书、光盘等资料	现场			
2	团队外出拓展训练	外训			
3	投影仪及幕布购买				
	……				
合计					

说明：以上培训费用为初步的预算，在具体实施过程中会随实际情况加以适当调整。

第二节
培训经费预算与管理

评价一个企业对培训重视度的指标之一可看其是否舍得"投入"，即投入培训经费、时间和精力等。这些投入对企业来说是必须要获取收益的，对于培训经费的投入，除国家规定的指导性政策外，企业对培训经费的管理非常重要，如何做好培训经费政策管理、预算管理、过程评价、决算、审计等全方位的管理，确保培训经费管理到位和投入效益最大化，是企业比较关心的话题，如果投入的经费得不到相应的回报，还可能会带来其他方面的问题。

一、国家对企业教育经费规定

培训经费在企业中也称为职工教育经费，是指企业按工资总额的一定比例提取用于职工教育的一项费用，是企业为职工学习岗位技能和提高自身素质水平而支付的费用。

在国家政策规定范围内，企业可根据本单位实际情况进行内部制度的设计，坚持在公司预算范围内尽可能用好计提教育经费节省税费支出的政策，具体可以从以下两个方面来开展。

（一）计提比例与基数

1. 企业教育经费计提比例的确定

各企业在符合国家政策规定的基础上，可自行规定本企业培训经费计提比例，主要参考依据如下。

（1）近三年教育经费支出总额与工资总额占比情况。

（2）公司业务发展带来的培训需求变化。

（3）公司人员数量变化及未来的人才发展目标等。

2. 企业教育经费计提基数的确定

企业职工教育经费的计提基数是税前工资总额，工资总额由计时工资、计件工资、奖金、津贴和补贴、加班加点工资、特殊情况下支付的工资六个部分组成，其中应特别注意企业因使用劳务派遣人员而支付的工资等相关费用不能作为本单位职工教育经费的计提基数。

（二）列支范围

1. 国家规定的列支内容

国家关于教育经费列支内容规定相对比较宽泛，只要是与企业职工教育培训相关的项目，一般均可列支。下列各项不包括在职工教育经费以内，应按有关规定开支。

（1）专职教职员工的工资和各项劳保、福利、奖金等，以及按规定发给脱产学习的学员工资，不包括在职工教育经费以内，由本人所在单位按规定开支。

（2）学员学习用的教科书，参考资料、计算尺（器）、小件绘图仪器（如量角器、三角板、圆规等）和笔墨、纸张等其他学习用品，应由学员个人自理，不得在职工教育经费中开支。

（3）举办职工教育所必须购置的设备，凡符合固定资产标准的，按规定分别由基建投资或企业更新改造资金、行政、事业费中开支,不列入职工教育经费。

（4）举办职工教育所需的教室、校舍、教育基地,应按因陋就简的原则,尽量在现有房屋中调剂解决。必须新建的,老企业可在企业更新改造资金中安排解决;行政、事业单位在基本建设投资中开支;新建单位在设计时就要考虑职工教育必要的设施,所需资金在新建项目的总投资之内解决。

2. 一般企业的规定

按费用类别,可分为直接费用和间接费用两类,直接费用分为授课费、场地费、培训器材、教材费、课程开发费、鉴定、认证、取证费、教育仪器、设备费;间接费用分为食宿费、差旅费、其他费用。

二、培训预算的确定方法

培训预算问题在不同的企业,处理方式也不尽相同。图4-3简单介绍六种处理方式。

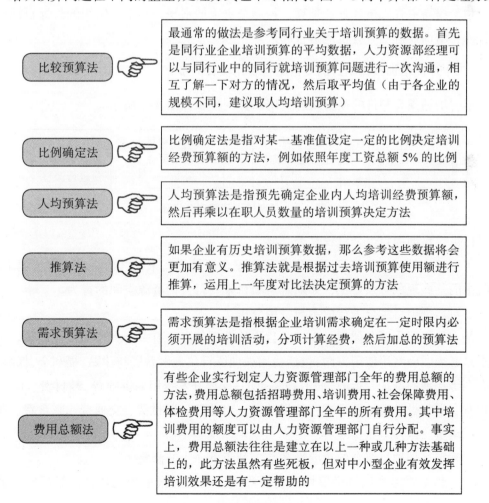

图4-3 培训预算的确定方法

三、培训年度预算总额确定

年度培训预算的基本任务包括确定年度培训费用总量、明确费用使用方向、预算管理机制和规定等。

（一）年度培训预算制订的要求

（1）年度培训预算的基本逻辑是：自下而上，先根据年度计划中的项目分解，来确定费用需求分解。然后，对于总量来进行全局调节。

（2）对每一个项目组合进行费用需求分析，参照培训资源供应市场、自身组织能力、以往成本费用经验等，进行综合。然后就费用总量进行调整。参照对比企业、自身成本控制能力提升空间、培训资源供应市场、费用可支出比例，年度经营状况对比等进行调整。

（3）管理层应对整个培训活动进行全面审核，避免内部各种随意性培训费用的支出，利于提高主管人员计划、预算、控制与决策的水平，利于将组织的长远目标和培训目标、培训效益三者有机地结合起来。

（二）年度培训预算制订的项目组合费用核算的步骤

年度培训预算制订的项目组合费用核算的步骤如图4-4所示。

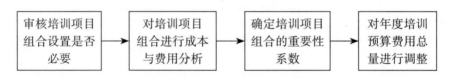

图4-4　年度培训预算制订步骤

1. 审核培训项目组合设置是否必要

年度培训计划中，培训项目组合是根据调研结果而来，其取舍是一定要慎重的。实践中的某些现象必须避免，如随意定项目来获得公司资源空间的行为。

2. 对培训项目组合进行成本与费用分析

基本的讲师来源、课程开发、项目实施费用等必须有一个大概的量的确认。关键要求是必须明确费用使用方向：包括费用如训练行政人事薪资与津贴、福利金、保险费、自有训练场地的维护及折旧、自有设备折旧；课程开发费用如讲师费、教材费、车马费、版权费、课程设计费；管理费用如场地费、出差费、器材费、交通费、膳食费、茶水费、加班费、国外差旅费等。

3. 确定培训项目组合的重要性系数（利于下一步的修整）

这一步主要考察项目必要性和重要程度，投资回报率预先估计。最后确定调整系数。

4. 对年度培训预算费用总量进行调整

项目组合财务需求总和计算出后,肯定会与预算基准即人力规划中年度培训预算的资源分配空间相冲突,必须进行调整。调整的方法如下。

(1)结构比例法。

① 以每位员工的预算基准来拟,每位员工每年平均有固定的训练费用,有些公司依职位区分不同训练经费。

② 依人事费用的一定比例。以每年人事费用(薪资、津贴、福利、保险)的3%～8%作为总训练经费。

③ 依营业额的一定比例决定。以每年营业额的0.5%～3.0%作为总训练经费,当营业额较小时,比例相应提高。

④ 依公司营业利润的一定比例决定。依每年公司营业利润的5%～10%作为训练预算,但容易受公司盈利情况影响。

(2)纵向比例参照法。纵向比例参照法也就是根据去年、今年与明年的发展趋势,和公司盈利状况,再依据培训策略(是加大力度,还是紧缩)来进行调整。

(3)横向比例法。横向比例法一般参照同行业竞争对手的培训资源投入力度和回报率。也就是应该考虑竞争对手发展阶段、现时竞争策略,再结合企业自身的能力评价、战略目标来确定总量。各企业培训的总预算多少不一,但应该有一个适当的比例。国际大公司的培训总预算一般占上一年总销售额的1%～3%,最高的可达7%,平均1.5%,而我国的有些企业低于0.5%,甚至个别企业在0.1%以下。

四、培训预算的分配

虽然在确定培训预算时可能会采用人均培训预算的方式,但是在进行预算的分配时往往不会人均平摊。有企业会将70%的培训费用花在30%的员工身上,甚至将80%的费用用于10%～20%员工的培训。

(1)企业一般都会将培训预算向公司高级经理和骨干员工倾斜。

(2)有关管理类培训的培训预算应重点集中在企业的高层经理身上。

(3)有关技术类培训的培训预算应该集中在公司骨干技术人员身上。

五、培训经费的管理

对于培训部门来说,培训经费毕竟是有限的,特别是对于效益不太好的公司更是如此,因此一定要将经费用在关键的地方。需注意以下几方面。

（一）建立健全培训经费管理制度

培训经费的管理，要求做到专款专用，严格执行财务制度，照章办事。企业应制定经费管理的实施细则，严格经费使用审批制度，防止占用、滥用和挪用培训经费，保证经费的合理有效使用。

（二）履行培训经费预算决算制度

经费预算是为了确保各培训项目的经费保障，要求按项目单列计划，同时也要考虑适当的机动经费，报主管部门审批；按照财务管理要求，执行经费决算，其目的在于通过经费收支额的年度核算，检查、总结年度预算的执行情况，同时，为下一年度的经费预算提供参考。

（三）科学调控培训的规模与速率

培训工作的规模、速度和水平质量受培训经费的制约，就是说，企业要根据经费的情况，在不影响培训质量的前提下，科学合理安排培训类别及规模，实施有计划有步骤的培训。

（四）突出重点，统筹兼顾

培训经费的使用要与培训工作的总体思路统一起来。在培训经费相对紧张的情况下，如何用现有的资金办出高效益的事情来，关键在于分清主次，突出重点。把培训经费的使用与培训的效益结合起来考虑，避免人力、物力及财力的浪费。

（五）综合计算与结构化统计

企业应对培训费用进行综合计算与结构化统计。分类的方法很多，比如，按照接受对象分，如主管人员、新进人员、研发人员、市场人员等。这有利于进行费用控制和培训成本控制策略的制定。

（六）动态调整

企业必须时刻根据每个培训项目组合的推进与实施，结合项目评估和效益回报分析，适时对整个年度培训计划中的预算进行微调。

> 范本

培训经费管理制度

1. 目的

为加强员工培训经费管理和监督,提高经费使用效益,保障公司员工培训工作顺利进行,现结合公司实际情况,制定本管理制度。

2. 适用范围

本制度适用于公司员工培训经费支出。

3. 职责权限

3.1 总经理办公室(简称总经办)是培训经费的归口管理部门:主要负责编制公司年度培训经费的预算、公司各部门培训经费的审核审批,并指导各部门对培训经费进行管理、负责对外签订或者协商培训协议。

3.2 财务部门负责培训经费的支付,并对其使用的合理性进行审核与监督。

3.3 各部门负责本部门月度、年度培训经费的预算申报工作,并做好培训经费的合理支出和管理。

4. 管理规定

4.1 培训经费的使用范围

4.1.1 培训经费的使用以"知识、技能培训为重点;技术研发部门的培训优先于服务部门;管理干部、技术技能人才培训重于一般员工培训"的分配原则。

4.1.2 培训经费使用范围

(1) 内部培训师授课课时费。

(2) 教学用品、教材开发、购置及印刷费、资料费、特种作业人员培训证书制作费。

(3) 教学设备购置费、设施及场地租赁费(会务费)。

(4) 聘请外部教师授课费、食宿费、交通费等。

(5) 专业技术人员继续教育学费或考试费,此部分费用根据具体情况,公司给予一定比例报销。

(6) 外出培训的学费、资料费、食宿交通费。

(7) 劳动竞赛、岗位技能操作等培训活动费。

(8) 师带徒培训费。

(9) 培训产生的其他费用。

4.2 经费管理

4.2.1 各部门根据本部门提交的部门年度培训计划及月度培训计划编制部门的年度及月度培训经费预算,并提交总经办。

4.2.2 总经办根据各部门提报年度及月度经费预算确定当年培训经费预算,并制订培训经费的使用计划,在年度培训规划中明确培训经费使用。

4.2.3 培训计划内项目,在项目实施前,由总经办落实具体的培训费用交由总经理审批方可执行,在项目实施后由部门申报、总经办审核、领导审批后报销相关培训费用。

4.2.4 培训计划外项目,由部门填报计划外培训费用审批表(附件1),总经办审核,报总经理审批后,由总经办安排费用项目实施。

4.3 经费报销

4.3.1 培训计划内项目在培训项目实施时所发生的费用,走报销流程,具体报销流程详见款项支出与费用报销管理制度(财务发)。

4.3.2 委托外培项目由提报部门申请,经总经理审批,按照款项支出与费用报销管理制度(财务发)具体执行。

4.3.3 员工自行参加的与岗位直接相关的培训项目,应由员工本人先提出申请,部门领导初审后报总经办审核,经总经理审批后方可实施培训,费用报销比例根据实际情况而定。

4.4 其他管理规定

4.4.1 由公司承担费用的培训学习,员工在学习结束后应向本部门、总经办或者有关领导报告学习的相关情况,及时将必要的学习资料、档案材料等送交总经办备案存档;同时还应将所学到的新知识、新技能等与本单位和其他相关单位的员工进行交流与分享。

4.4.2 公司承担培训学习期间各类费用的(含报销的学习费用及脱产学习期间的工资等),员工需与公司签订培训协议(详见员工培训管理制度),保证服务年限按照每2000元折算为一年的办法计算(折算结果尾数不足半年的不予计算,满半年的按半年计算),但最长不超过五年,保证服务年限从员工培训学习结束之日起计算。按照2000元/年的折算方法仅作参考,具体执行时,依据培训内容的重要程度来规定服务年限。

4.4.3 员工违反所签培训协议规定的,在保证服务年限未满前因离职等原因离开公司的,应向公司支付违约赔偿金,赔偿金数额=总的培训费用/约定服务月份×未完成服务月份,并在停止工作之日起5个工作日内全额支付。

附件 1：

计划外培训费用审批表

申请部门			申请日期		年　月　日	
培训方式			培训时间		培训类别	
培训对象及人数				培训地点		
培训内容						
需要说明事项（如实施计划外培训事由等）						
培训费用		教师授课费				
		教材费、资料费				
		教学用品费				
		其他费用				
		合计				
申请部门领导意见				综合各管理部意见		
总经理意见						

注：1.培训类别包括：①学历教育②上岗证培训③专业知识技能提高培训④意识培训⑤其他培训

2.培训方式包括：①外派②专家授课③部门内部培训

第五章
培训实施过程控制

章前概述

　　培训实施是指培训实施部门接到培训信息后，对即将开展的培训工作做出系列安排，确保培训实施过程高效顺利完成；并及时完成由于该培训所形成的系列报表及相关信息统计汇总、反馈等系列工作。培训实施过程控制，就是对培训实施的系列工作过程进行有序、保质、高效的协调与组织。

思维导图

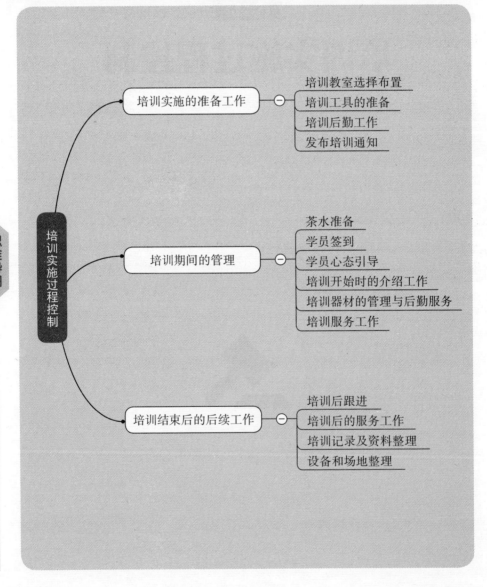

第一节
培训实施的准备工作

在公司员工培训前,需要做好各项准备工作,如安排好培训时间、选择培训地点、准备培训用具等。只有做好了这些准备工作,培训才能顺利进行。

一、培训教室选择布置

培训部要提前选好培训教室,并且最好有其他备选教室。一般情况下,根据学员人数的多少和培训的内容选择培训教室。

（一）选择培训教室

选择培训教室时,要考虑以下事项。

（1）房间面积一定要足够大,但也不能太大,以免给人空荡荡的感觉,造成消极的学习氛围。

（2）在培训教室里一定要设置供书写和放置资料的工作区。

（3）培训教室有通风设备,且运转良好,容易控制。

（4）培训讲师的工作区有足够大的空间来放置材料、媒体工具或其他培训用器材。

（5）要保证坐在后排的学员可以看清屏幕。

（6）检查邻近是否有干扰,例如其他培训班、工作人员办公室等（因为噪声会分散人的注意力,影响培训效果）。

（7）检查休息室、饮用水、茶点的状况。

（8）检查灯光、空调的使用情况和控制按钮。

（二）布置培训教室

培训教室可用多种不同方式加以布置。主要考虑的因素是必须满足培训效果的要求,且使学员感到舒服。

1.圈形布置

圈形布置形式如图5-1所示。

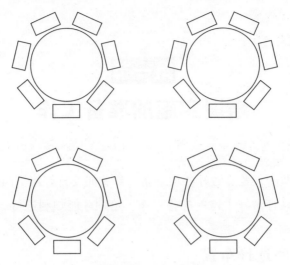

图 5-1 培训教室的布置示意图（圈形）

当培训内容安排需要以学员分组形式配合时，或是学员人数比较多时，采用圈形的布置比较好。这种形式便于让学员形成一个临时的团队来进行讨论、练习或游戏。

> **小提示**
>
> 此种布置的缺点是有的学员将背对着书写板或培训讲师。不过，培训讲师是可以走动教学，以减少这种不便。

2.U 形布置

如果培训内容是以培训讲师演讲为主，可以采用 U 形来布置培训现场。这时培训讲师可以走在 U 形的内圈来和每位学员进行有效的沟通，培训讲师可以全面照顾到每位学员，学员之间也方便讨论交流。

U 形布置形式如图 5-2 所示。

图 5-2 培训教室的布置示意图（U 形）

U形布置的一个不方便的地方是，如果让每个学员都进行上台演示练习时，有的学员可能要绕一大圈才能走过去。

3. 剧场形布置

剧场形是较常用的一种形式，尤其是进行一些人数较多的培训时。剧场形布置形式如图5-3所示。

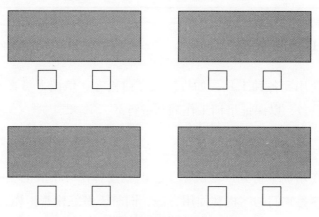

图5-3　培训教室的布置示意图（剧场形）

这种形式对培训讲师和学员之间的沟通没什么影响，但对全体学员之间的沟通可能有一些影响。因为学员之间的交流没有前两种方式那么方便了，甚至会出现有的学员因身高高，挡住了坐在后面学员视线的情况。因此，在布置现场时，要慎用这种形式。

（三）培训教室细节管理

布置好教室后，还需要注意一些细节，具体如表5-1所示。

表5-1　培训教室的细节管理

序号	细节	管理措施	备注
1	电源插口	（1）进行培训前要到现场检查电源插口的位置和数量 （2）检查所需设备的电源线是否够长，设备插头是否都能用上这些插口 （3）为了防止授课时挪动了电源线，或是有人在走动时被绊倒，最好将电线粘贴在地面上	
2	灯光空调	（1）在室内培训要保证灯光充足，以使学员能清楚地看到演示板和投影。但是用太强烈的灯光，会分散学员的注意力；在培训中若需要关灯或调暗灯光来播放录像，就要确切知道灯光开关按钮的具体位置，哪个开关控制哪盏灯 （2）灯光光线有可能会在某个角度干扰人的视线，从多角度观察灯光的效果及时发现并解决这个问题 （3）空调的温度是否适宜？不要因空调的温度而影响了学员的学习。这个问题也要早发现、早解决	

续表

序号	细节	管理措施	备注
3	其他设施设备	（1）其他设施如音响、通风设备等详情，一定要向相关的管理人员了解清楚 （2）核查所有的设备情况，以保证不因设备问题而影响培训	

二、培训工具的准备

培训工作会使用到各种工具，如投影仪、白板等。培训人员在开展培训工作前，必须准备好这些设备，以保证培训工作顺利进行。

（一）投影仪

投影仪已经在培训中得到广泛应用了。电脑投影仪有不同的型号和档次，因此，在使用前一定要熟悉它们的结构和使用方法，同时要做好检查工作，具体检查事项如表 5-2 所示。

表 5-2 投影仪检查表

检查事项	结果
（1）房间内光线是否太强 （2）投影仪的光线是否聚集好 （3）显示到屏幕上的图文是否足够大 （4）每个学员是否都能看清屏幕上的内容 （5）是否需要给培训讲师准备一支激光笔	
注意事项	
（1）请确保电脑电量充足 （2）投影仪要预热约 3～5 秒，才能正常工作，所以要提前开机 （3）电源关闭后，等待投影仪内部排风扇停止工作（大约 5 分钟）才可拔下电源，否则投影仪容易损坏 （4）在开机状态下，灯丝处于高温状态，不要随意搬动机器 （5）如果使用液晶显示和投影屏，要使用高亮度的投影仪 （6）投影的内容最好注上页数，这样做可以方便查找，或使用多种色彩来突出重点内容 （7）要有一支备用的激光笔，供培训讲师作指示器，以强调所讲的内容	

（二）白板

培训教室里一般都用白色书写板，因为在白色书写板上书写黑色内容要比黑板上书写浅色的内容更加清晰。培训人员在使用白板前，也要做好检查工作，确保白板能正常使用，如表 5-3 所示。

表 5-3　白板检查表

检查事项	结果
（1）是否将其放在每个学员都能看得见的地方 （2）是否准备了不同颜色的书写笔 （3）是否有板擦	
注意事项	
（1）书写板要安装在滑轮架子上，以方便移动 （2）在书写板上写的字要足够大，让每个人都能看清楚 （3）使用书写笔书写时，不要用油性笔，因为难以擦去字迹 （4）为防止笔墨干枯，不用时，请立即盖好笔帽	

（三）电脑

电脑已是培训课上的常用设备了。培训讲师所准备的资料如 PPT 课件等，大都存储在电脑中。使用前对电脑的检查事项如表 5-4 所示。

表 5-4　电脑检查表

检查事项	结果
（1）是否有硬件、软件上的故障 （2）是否带上了电源线	
注意事项	
（1）清楚了解、熟悉其使用方法 （2）开关电脑时动作要轻，以免导致接线松动而断电 （3）最好在断电的情况下插拔电脑的外设等 （4）不要在电脑旁放置水杯、饮料等物品	

（四）挂图

在授课过程中，当培训讲师有一些标准的信息要写在白板上时，为了不耽误课堂上的时间，可事先写在挂图上，在使用时出示。使用前对挂图的检查事项如表 5-5 所示。

表 5-5　挂图检查表

检查事项	结果
（1）在制作时是否有遗漏的内容 （2）有没有编上页码 （3）要不要多准备些空白纸张 （4）有相应的书写笔吗？要不要准备不同颜色的笔 （5）是否将其挂牢，在翻动时不会掉页	

续表

注意事项
（1）不要在一张图表中安排太多数据 （2）字体要适中，色彩要协调 （3）如果座位超过 10 排，尽量不要使用挂图，因为会有学员看不到上面的书写内容 （4）教室稍大时，可考虑制作两份挂图，方便坐在不同方向的学员观看 （5）如果可能的话，也可将挂图逐张贴在教室的墙上，再逐一加以说明 （6）挂图中凡是重点所在，均以不同颜色的笔加以标注，以提醒学员注意

（五）印刷材料

印刷材料大多是与课程相关的资料。在课前分发课程大纲或研讨材料比较适宜，而摘要类或补充材料则在课后或者课程进行中分发较好。使用前对各类印刷材料的检查事项如表 5-6 所示。

表 5-6　印刷材料检查表

检查事项	结果
（1）有没有遗漏的材料 （2）对某些材料的发放是否有特别的说明 （3）材料的字体是否清晰，是否有错别字或其他印刷错误 （4）有没有必要对材料进行分类，以便在课程进行的不同时间发放	
注意事项	
（1）分发材料的时机要恰到好处，以免影响教学进程 （2）不要过量使用 （3）在制作这些材料时，要考虑留下适当的空白页面，以便学员在听课时还可以在上面做笔记	

三、培训后勤工作

为了保证培训工作的顺利完成，培训部一定要精心做好相应的后勤保障工作。在培训的进行过程中，具体的后勤工作主要包括交通、设备保障等。

（一）交通安排

在组织培训时一定要了解到达培训地点需要多长时间。如果距离较远，是否安排专车将学员送到培训教室？若是距离近，是否告诉学员自己选择交通工具？此时一定要交代清楚培训的确切地点，并建议他们在何时到达较好。

在提到交通时，不得不考虑天气情况，因为天气情况也直接影响学员到达培训地点的时间。而且如果在室外培训，天气是最大的影响因素。所以要密切留意培训前一周的天气情况,如果发现天气不利于培训,要考虑是否改期。

(二)技术维护人员安排

即使在设备状况良好的情况下,也要安排好技术维护人员,一旦出现问题,应立即与其联系,及时排除故障。

(三)茶点膳食安排

如果培训课就在公司内的会议室或培训室进行,茶点和膳食安排会较为灵活,可以结合培训课程的进度来加以安排或调整。

四、发布培训通知

培训通知是公司培训管理的正式文件,有着正确传递培训信息,引起被培训者重视的作用,在必要的时候,可以作为培训考核的依据。

(一)受训人员上报通知

培训部门通过发布通知书,通知书主要将培训目的、内容、受训者要求等进行发布,要求各部门把需要参加培训的人员确定下来,并上报给培训部门,培训部门再据此做出安排。以下提供一份培训通知书,仅供参考。

××有限公司培训通知书

××有限公司培训通知书

各部门:

  为了充实培训讲师队伍,强化部门培训力量,完善公司培训体系,培训部定于××月××日至××日举办第八期培训讲师培训班,要求各部门选派三名培训讲师候选人参加。请部门经理严格挑选候选人,并将候选人名单于××月××日前上报培训部。感谢您的配合!

培训部

××××年××月××日

（二）信息发布通知

培训部门对将要举办的培训班安排好后，将信息发布出去。一般信息发布通知包括以下三项具体内容。

1. 培训课程计划书

培训课程计划就是将已经确定的培训课程以书面形式发布，主要包括课程名称、课程内容、开课时间、培训对象、培训方法、培训讲师介绍等。

2. 培训班安排说明书

将已经确定的在培训日程内的一切活动安排以书面的形式发布，如培训地点、报到时间、开课时间、用餐方式等，以便让受训者心中有数，提前做好各项准备。

3. 纪律要求及注意事项

对于各类培训班，培训部要制定严格的培训制度，如签到制度、手机使用规定、作息时间要求、评估制度等，以规范学员的行为，如下例所示。

××有限公司员工团队合作精神培训通知

××有限公司员工团队合作精神培训通知

各位同事：
　　欢迎您参加第六期员工团队合作精神培训！
　　现将有关事项通知如下：
　　一、时间和地点
　　……
　　二、纪律要求
　　1. 按时上下课，如有特殊原因不能参加或中途离开者，请向有关工作人员请假。
　　2. 上课专心听讲，保持安静；关闭手机或设置为震动。
　　3. 保持环境卫生，培训期间请勿吸烟。
感谢您的配合！

培训部
××××年××月××日

第二节
培训期间的管理

培训实施涉及许多人、部门和设施,最容易在细节上出错。因此,在这个过程中,人力资源部一定要周密、细心。

一、茶水准备

培训部应准备学员和培训讲师的饮用水和各种饮料;根据培训的内容安排合适的音乐,为培训营造适宜的氛围。

二、学员签到

学员报到应在专门的签到表上签到(见表5-7),签到表的设计要包括姓名、部门等简单的个人信息。培训部应安排专门人员负责学员的签到,以便掌握学员的出勤情况。

表5-7 员工培训签到表

培训名称:　　　　　　　　　　　　　　　　　　日期:

序号	部门	姓名	备注

负责人签字:

三、学员心态引导

学员从工作状态转入到培训状态,在心态上有一个调整的过程。培训部可以通过培训前会议、讨论等形式帮助学员尽快完成这个过渡，为开始培训做好心理准备。

四、培训开始时的介绍工作

培训讲师在培训开始前要对培训的内容进行介绍，介绍内容如表5-8所示。

表 5-8　培训开始时的介绍工作

序号	内容	具体说明
1	培训课程和培训讲师介绍	简要地介绍培训课程的内容、目标，培训讲师的个人情况；着重介绍培训讲师与培训内容相关的资历，帮助培训讲师树立威信，增进学员对培训讲师的信心
2	后勤安排和管理制度	包括食宿安排、交通安排、学习用品的提供、考勤要求和课堂纪律等
3	培训日程安排	向受训者简单介绍培训日程安排，最后发放打印好的培训日程安排表，使受训者对下面的培训内容、时间和地点有比较清楚的了解。如果没有日程安排表，要把联系人或日程咨询方式向受训者说清楚，方便他们有问题随时询问
4	游戏	通过一些游戏，激发学员的热情和兴趣、增进学员之间的了解，使学员尽快进入培训所需的状态
5	学员的自我介绍	如果人数不太多，尽量给每个学员自我介绍的时间和机会，帮助学员互相熟悉，也便于培训讲师和管理者熟悉学员的情况。自我介绍可以规定介绍内容，也可以自由发挥

五、培训器材的管理与后勤服务

在培训过程中，培训部应安排专人负责培训器材的保管和维护。如果设备出现了故障要能够及时修理或替换，不要影响培训的进行。

六、培训服务工作

培训中发现意想不到的问题，如培训偏题、培训冷场等时，培训部应及时与培训讲师沟通并采取相关解决措施。培训部在培训课间也应征求学生对上课的意见并反馈给培训讲师，配合讲师的工作。

其他服务工作还包括安排专业人员进行摄影、录像。若有需要就餐的情况，培训部要提前安排好。

第三节
培训结束后的后续工作

一、培训后跟进

培训跟进工作是为了使后续培训活动的进展更加顺利，取得更好的效果。培训过后要对培训者实施调查，以听取他们对培训的看法。培训后跟进可使用培训跟进信息反馈表，如表 5-9 所示。

表 5-9　培训跟进信息反馈表

各部门经理：
　　你们好！
　　贵部门的_____按照原定计划已经参加了我部于___年_月_日至___年_月_日组织的_____培训项目。本次培训活动重点学习了以下几个方面的内容：
　　1._____
　　2._____
　　3._____
　　4._____
　　为达到学以致用的目的，请您在工作中尽量安排其实践机会；同时请您费心观察、总结参加培训后的效果，并于 3 个月后将有关内容汇总到人力资源部。
　　谢谢合作！

　　　　　　　　　　　　　　　　　　　　　　　　　　　　　　培训部
　　　　　　　　　　　　　　　　　　　　　　　　　　　____年__月__日

二、培训后的服务工作

培训结束应向培训讲师的工作表示感谢，就培训工作征求培训讲师的意见，并将培训讲师的费用结清。如果有后续工作，应和培训讲师保持联系。

三、培训记录及资料整理

培训的档案管理工作包括建立培训档案和对各类培训资料进行分类分档，以便决定今后的培训以及为公司人力资源部进行人员考核、晋升、奖惩提供重要依据。

（一）员工受训资料

员工受训后，人力资源部应将受训有关资料归入计算机人事档案处理。使其成为个人整体受训记录的一部分，并可作为下列各项人事及培训措施决策的参考依据。

（1）个人职务调动。

（2）升迁。

（3）未来培训的方向、训练层次。

（4）年度考绩的评核标准。

（5）工作授权。

（6）行为及技术衡量的指标。

受训者培训档案的内容如表5-10所示。

表5-10　受训者培训档案的内容

序号	内容	具体说明
1	员工的基本情况	包括学历、进公司年限、所经历的岗位、现有岗位工作情况等
2	上岗培训情况	包括培训的时间、次数、档次、成绩等
3	晋级升职培训情况	包括任职时间、任职评价等
4	专业技术培训情况	包括技术种类、技术水平、技能素质以及培训的难易程度
5	其他培训情况	例如在其他地方参加培训的经历、培训的成绩等
6	考核与评估情况	考核与评估情况：包括考核定级的档次、群众评议情况等

（二）培训中心资料

培训实施后，应安排人员汇集下述资料。

（1）上课与报名人数。

（2）缺席人员及原因。

（3）培训评估的统计及分析。

（4）缺失的检讨与改进建议。

（5）测验或作业的结果。

（6）如有座谈会时，受训学员对组织提的建议。

（7）受训资料的整理。

（8）培训总结记录。

（三）与培训相关的档案

（1）培训教师的教学及业绩档案。

（2）培训所用财物档案。

（3）培训工作往来单位的档案。

四、设备和场地整理

培训部应安排专人对培训场地、培训使用过的器材进行整理、清洁。所有外租的场地和设施应办理清楚相应的手续。

第六章
培训评估

章前概述

培训评估是根据培训目标，运用科学理论、方法和程序从培训项目中收集数据，对培训过程、培训计划和培训费用等进行综合分析，评估培训效果。培训评估是培训工作最后一个环节，有利于培训管理者全面掌握和控制培训质量。

思维导图

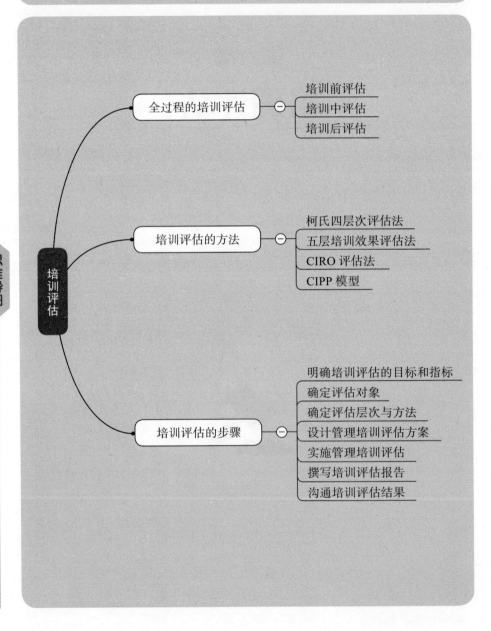

第一节
全过程的培训评估

培训评估,不仅要在培训结束后进行,同时也应该在培训过程中进行。这是因为经常性的评估,能够大大降低培训的风险。同样,如果在培训过程中进行积极的评估,将能做到随时对培训者心理有充分的了解,并对培训工作随时做出必要调整,能将培训工作做得更好。培训的效果评估,应该做到从有效性和效益两方面进行充分的评估。

一、培训前评估

培训前评估是在培训前对受训者的知识、能力和工作态度进行考察,作为培训者编排培训计划的根据;培训前评估能够保证培训项目组织合理、运行顺利,保证受训者对培训项目的满意度。保证培训需求确认的科学性;确保培训计划与实际需求的合理衔接;帮助实现培训资源的合理配置;保证培训效果评估的科学性。

(一)培训需求评估

公司在制订每一项培训计划之前,培训部都要进行培训需求分析,最后确定是否需要培训以及确定培训内容、培训先后顺序以及培训最佳时机。

> **小提示**
> 培训需求评估的关键是要准确分析公司当前存在的主要问题及问题产生根源,确定通过培训是否能解决问题。

(二)培训计划评估

培训计划评估的关键是了解培训是否满足公司培训需求,是否充分考虑公司人才培养。对培训方案的设计进行评估,分析其是否能实现相应的培训目标,培训方法是否恰当,培训讲师选择是否合理,培训时间安排是否合理等。

(三)受训者评估

对受训者的评估主要包括知识、素质、能力、工作态度的评估。

二、培训中评估

培训中评估是指在培训实施过程中进行的评估;培训中评估能够控制培训实施的有效程度。其目的是保证培训活动按照计划进行;培训执行情况的反馈和培训计划的调整;过程检测和评估有助于科学解释培训的实际效果。

(一)培训内容评估

对培训内容创新性、在工作中的实用性等进行评估。及时了解受训者对培训项目的感受和看法,有利于重新设计或改进培训项目。

(二)培训进度及效果评估

检测课程安排是否与培训需求相配合。培训时间安排是否适当。该培训计划是否与年度培训计划相结合,如有差异,原因何在。原培训计划与培训实施相比较有何更改,如有,原因何在。

三、培训后评估

培训后评估是对培训的最终效果进行评价,是培训评估中最为重要的部分;目的在于使企业管理者能够明确培训项目选择的优劣,了解培训预期目标的实现程度,为后期培训计划、培训项目的制定与实施等提供有益的帮助。

(一)评估培训所达到的目标

采用多种测评方式评估培训是否达到预期培训目标,如笔试、口试等形式考核知识掌握程度,实际操作演示评估技能提高程度,用主管评价的方法评估管理能力提高程度。

(二)培训效果综合评估

培训效果综合评估包括直接效果与间接效果两个方面,如图 6-1 所示。

直接效果	间接效果
从培训数量和质量方面评估培训产生的效果,如参加培训人数,受训者知识、技能水平和工作态度经过培训后是否达到预期目标、工作绩效是否得到改进和提高	从受训者工作态度转变、工作积极性提高、团队配合能力、节能意识等方面评估间接效果

图 6-1 培训效果综合评估的两个方面

（三）员工受训后的评估

1. 学习评估

评估受训者的知识、技能和态度的变化，将受训前后的结果做比较。也就是进行考试（在电脑上或笔试测验、实际操作），然后比较培训的成效。可把培训前的测验结果和培训后的测验结果做比较。

2. 工作表现评估

工作表现评估是指评估受训者如何在培训一段时间后，改变工作表现，比较受训前和受训后的工作表现。

工作表现是知识、技能和态度的综合表现。而知识、技能在不同的工作中有不同的表现方式。例如，在管理部门，是结项的平均时间与花费；在销售部门，则是服务品质（含顾客抱怨减少）或销售业绩。

不管在哪一个部门，工作表现的态度方面，都可从员工的缺席、怠工、异动、迟到等来对受训前后做比较。

3. 影响评估

影响评估的目的是评估培训的效能，借由评估受训者在其工作的组织或目标团体中的改变类型和程度。

影响评估可分为货币价值及非货币价值两大部分。非货币价值是指员工压力减低、善意建议增加、组织人群互动有较好的关系。货币价值是指销售业绩增减、工作完成程度高低等。

4. 结论反应评估

以上所述的培训的评估是属于绝对评估的方式，视评估的数据值来决定培训效果。事实上，培训的评估有时可以相对评估。相对评估的理念，就是"种十棵树，只要八棵成长"，但"不种树，是永远没有树成长"的概念。培训对于公司的成长，可以相对使用在评估上，求取最大回报率即可。

第二节
培训评估的方法

一、柯氏四层次评估法

柯氏四层次评估法，简称"4R"，即反应评估（Reaction）、学习评估（Learning）、行为评估（Behavior）、成果评估（Result），是由国际著名学者威斯康辛大学教授唐纳德·L·柯克帕特里克（Donald. L. Kirkpatrick）于1959年提出的，是世界上最早、应用最广泛的培训评估工具，在培训评估领域具有难以撼动的地位。

柯氏四层次评估法适用于培训评估，它的主要内容包括反应、学习、行为、结果四个层面。

（一）反应评估（Reaction）：评估被培训者的满意程度

1. 评估目的

考核学员对培训方案的反应，学员对培训项目结构和培训师的看法、培训内容是否合适、方法是否得当等。

2. 评估方法

观察法、培训评估问卷法和培训评估调查法。

3. 评估时间

培训主管的评估在培训中就可以进行，学员和培训讲师的评估在培训结束后马上进行。

4. 评估内容

分为培训管理过程评估、讲师评估和自我评估三个方面。

（二）学习评估（Learning）：测定被培训者的学习获得程度

学习评估的相关内容如表6-1所示。

表6-1 学习评估相关内容

序号	类别	具体内容
1	评估目的	针对培训内容和培训项目的整体情况以及受训者对培训内容的掌握程度进行评估
2	评估方法	纸笔测试法、问卷调查法、情景模拟测试法以及撰写学习心得报告法等
3	评估时间	在培训的后期结束前进行，并把评估结果反馈给学员和主管
4	评估内容	（1）对学习内容进行测试和提问，要求运用所学的知识进行解答。可以分为基础知识点和情景模拟问答 （2）在实际操作性的培训中，评估是在学员的操作过程中现场进行的，在操作过程中考查学员对于关键知识点的掌握情况 （3）在学习了一些专业性岗位的课程后，要求按照学习的内容和时间提出自己的问题和解决方案，并交给上级主管负责监督执行

（三）行为评估（Behavior）：考查被培训者的知识运用程度

行为评估的相关内容如表6-2所示。

表 6-2 行为评估相关内容

序号	类别	具体内容
1	评估目的	评估培训项目使学员在工作行为和表现方面产生的变化
2	评估方法	前后对照法、时间序列法、360 度调查法和绩效考核法
3	评估时间	培训结束后 1～3 个月，可延至一年后
4	评估内容	（1）培训结束时，要求学员制订行为改进计划。计划应当列明现在的情况和需要改进的方面。跟踪评估的时间，一般为培训结束后 1～3 个月。培训讲师、学员与上级主管讨论详细实践计划，并由上级主管和培训管理者备份 （2）在约定的评估时间内，培训管理者需要保持与受训人员上级主管的评估交流 （3）约定的时间结束后，学员本人和直接上级对培训效果进行评估。培训管理者也可参加到评估中 （4）为了保证公平性，可以采用 360 度反馈的方式进行评估，由主管、学员本人和同事都参与评估，可以按照主管评分：自评分：同事评分 = 40：30：30 的比例组合得到最后评估分数

（四）成果评估（Result）：计算培训创造的经济效益

成果层面的评估是培训评估最大的难点。因为对企业经营成果产生影响的不仅仅是培训活动，还有许多其他因素。

1. 评估目的

培训对组织发展带来的可见的和积极的作用。评估的核心问题是评估培训是否对企业的经营成果产生影响。

2. 评估方法

前后对照法、时间序列法、360 度调查法、绩效考核法和收益评价法等。

3. 评估时间

培训结束后 1～12 个月。

4. 评估内容

（1）硬性指标，即容易收集的、理性的、无可争议的事实等数据，包括产出数据、质量数据、成本和时间。

（2）软性指标，即难以收集与分析的、主观性的数据，一般作为硬性指标的补充。包括态度激励、员工满意度、工作软环境、工作习惯、工作新技巧的使用、组织文化以及创造性等。

二、五层培训效果评估法

"五层培训效果评估法"就是在柯克帕特里克（Kirkpatrick）四级模型、菲力普斯的五级投资回报率（Five-Level ROI）模型、考夫曼五级评价模型等培训评估模型和 ISO 10015 国际培训管理质量标准的基础上，建立起的以绩效评估为导向，将培训效果评估分为设计层、反应层、学习层、行为层和结果层五个层面进行分阶段、分内容、分标准的全过程、全方位的考核评估。

五层培训效果评估法适用于对培训的全过程进行评估。

五层培训效果评估法以培训的内容是否转化为员工的操作技能和行动方式，是否带动员工整体素质的提升，从而带动企业整体业绩的提升以及形成良好的投入产出收益作为最终评估标准。重点解决为什么培训、培训什么、培训谁、何时何地培训、如何培训、培训效果跟踪考核及持续改进等问题，实现培训效果评估的良性循环。

五层培训效果评估法评估的内容为五个方面，如表 6-3 所示。

表 6-3　五层培训效果评估法评估的内容

项目	培训内容	实施时机与方式	目的
设计层培训效果评估	评估为什么培训、培训什么、培训谁、何时何地培训、如何培训，包括培训项目的设立、目的、内容、培训对象、师资配备、培训地点、培训方式、经费预算等内容	培训开展前，培训主管部门根据企业发展战略，在培训需求调查分析的基础上编制年度培训意向计划，提交专家委员会审核评估，经专家委员会审核通过提交企业领导层审批后，组织实施	确保培训项目在设计层面上的科学性、前瞻性、针对性和实效性
反应层培训效果评估	重点评估培训项目实施效果	在培训结束时，培训主管部门通过问卷、面谈、座谈等形式，调查、了解学员培训后的总体反应和感受，并由培训主办单位、承办单位和学员代表通过培训班效果评价，对培训内容、讲师、方式、场地等方面进行多维度量化评价打分	了解学员、主办单位、承办单位和培训主管部门的反应
学习层培训效果评估	对学员学习的内容如企业文化、业务规程、岗前培训、HSE 知识、厂纪厂规、安全操作规程、转岗培训、特种作业取证培训要求学员必须掌握的岗位应知应会的知识等均在这一层面进行评估	在培训结束时，培训主管部门会同培训主办单位采用闭卷考试或现场实际操作考核等方式考核学员对所学内容的掌握情况	考核学员对培训内容的理解和掌握程度
行为层培训效果评估	考核内容包括参训学员培训结束后在工作岗位的工作态度、工作热情、工作效率方面与培训前相比较的变化	在培训结束后三个月，企业培训主管部门通过抽样调查的方式，由学员所在单位领导、同事、下属，包括本人在内进行多方位评价	了解学员对培训内容的掌握及应用情况，以判断其所学知识、技能对实际工作的影响

续表

项目	培训内容	实施时机与方式	目的
结果层培训效果评估	将效益增量、成本降幅、安全事故率、建议措施及科研成果创效、培训计划执行率、全员培训率、特种作业人员取证率等作为主要内容	在年终,将采取定性指标和定量指标予以评估	以工作绩效为核心重点考核个人和单位的培训效果转化程度

在经过以上内容的评估后,要将五个层面的评估结果汇总形成企业培训评估总结报告,主要由三个部分组成。

（1）企业培训项目概况,包括培训目的、实施数量、内容分类、培训人次、费用投入等内容。

（2）受训员工的培训结果,包括取证培训合格率、技能鉴定通过率等内容,通过对照分析法进行分析总结并提出处置建议。

（3）培训项目的评估结果及处置办法,效果好的项目保留,效果不好的取消,提出下一步培训建议措施,并将此评估报告送交有关部门传阅,以利于今后培训工作的持续改进。

三、CIRO评估法

CIRO评估方法是一个由奥尔（Warr·p）、伯德（Bird·M）和雷克汉姆（Rackham）发明的四级评估方法。这种方法描述了四个基本的评估级别,是由背景（Context）、投入（Input）、反应（Reaction）和结果（Outcome）的首字母组成的。

CIRO评估法适用于培训评估。

CIRO评估方法认为评估必须从背景、投入、反应和结果四个方面进行,如表6-4所示。

表6-4　CIRO评估的四个方面

序号	项目	定义	具体说明
1	背景评估	实际上是进行培训需求分析	在此过程中,需要评估三种目标:最终目标（企业可以通过培训克服或消除的特别薄弱的地方）,中间目标（最终目标所要求的员工工作行为的改变）和直接目标（为达到中间目标,员工必须获取的新知识、技能和态度）
2	投入评估	是指获取和使用可能的培训资源来确定培训方法	这种评估涉及分析可用的内部资源和外部资源,确定如何开发这些资源,以便以最大的可能来达到预定目标

续表

序号	项目	定义	具体说明
3	反应评估	指获取和使用参与者的反应来提高培训过程	这个评估过程的典型特征是依赖于学员的主观信息。如果用系统和客观的方法对这样的信息进行收集和利用，他们的观点将会非常有用
4	结果评估	指收集和使用培训结果的信息	包括四个阶段：界定趋势目标、选择或构建这些目标的测量方法、在合适的时间进行测量和评估结果以改善以后的培训

四、CIPP模型

CIPP模型是美国学者斯塔弗尔比姆（Stufflebeam.D.L.）1967年在对泰勒行为目标模式反思的基础上提出来的。CIPP评估模型由四项评估活动的首个字母组成：背景（Context）评估、投入（Input）评估、过程（Process）评估和成果（Product）评估，简称CIPP评估模型。这四种评价为决策的不同方面提供信息，所以CIPP模型也被称为决策导向型评价模型。

CIPP模型适用于为项目、工程、职员、产品、协会和系统等，尤其是那些准备长期开展并希望获得可持续性改进的项目的培训评估。

这种方法认为评估必须从背景、投入、反应和结果四个方面进行。具体内容如表6-5所示。

表6-5 CIPP模型评估的内容

项目	评估内容	备注
背景（Context）	（1）了解相关环境 （2）诊断特殊问题 （3）分析培训需求 （4）确定培训需求 （5）鉴别培训机会 （6）制定培训目标等	确定培训需求和设定培训目标是主要任务
投入（Input）	（1）收集培训资源信息 （2）评估培训资源 （3）确定如何有效使用现有资源才能达到培训目标 （4）确定项目规划和设计的总体策略是否需要外部资源的协助	

续表

项目	评估内容	备注
过程 （Process）	（1）洞察培训执行进程中导致失败的潜在原因，提出排除潜在失败原因的方案 （2）分析培训执行进程中导致失败的不利因素，提出克服不利因素的方法 （3）分析并说明培训执行中实际发生的事情和状况 （4）分析并判断它们与目标之间的距离 （5）坚持在培训执行过程中提供有关既定决策和新的决策等	过程评估的目的是为那些负责实施培训项目的人们提供信息反馈，以及不断地修正或改进培训项目的执行过程
成果 （Product）	对培训活动所达到的目标进行衡量和解释，其中包括对所达到的预定目标的衡量和解释	既可以在培训以后进行，也可以在培训之中进行

第三节 培训评估的步骤

如何去评估管理培训的效果，如何去衡量培训项目的投入是否值得，一直是企业培训工作中尚未解决的一个大问题。遵循良好的培训评估流程是顺利有效进行管理培训评估活动的关键，一般说来，有效的培训评估应该包括七个基本步骤。

一、明确培训评估的目标和指标

（一）明确培训目标

在培训项目实施之前，人力资源开发人员就必须把培训评估的目的明确下来。多数情况下，培训评估的实施有助于对培训项目的前景做出决定，对培训系统的某些部分进行修订，或是对培训项目进行整体修改，以使其更加符合企业的需要。例如，培训材料是否体现公司的价值观念，培训师能否完整地将知识和信息传递给受训人员等。重要的是，培训评估的目的将影响数据收集的方法和所要收集的数据类型。

（二）确立培训评估指标和标准

培训需求分析明确了管理人员所需提升的能力，评估的下一步就是要确立具体且可测量的培训目标。培训目标是指培训活动要达到的目的和预期成果，管理培训项目可以包括多层次的培训目标。针对每层次的培训目标可以制定相应的评估指标和标准。

反映层评估的培训目标可以设定为学员满意度的分值，如：用 1～5 等级评价学员的总体满意度，至少应达到 4 分。学习层和行为层评估的培训目标应该包括：行动——告诉受训者他们在培训结束后做什么；条件——在实际工作中运用培训中所学内容时，受训者可能会遇到哪些限制；标准——受训者在培训后可被接受的数量和质量表现。

二、确定评估对象

培训的最终目的就是为企业创造价值。由于培训的需求呈增长的趋势，因而实施培训的直接费用和间接费用也在持续攀升，因此不一定在所有的培训结束后，都要进行评估。我们认为主要应针对图 6-2 所列情况进行评估。

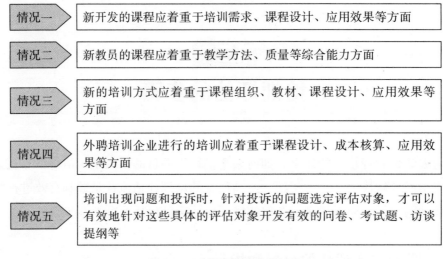

图 6-2　适合开展评估的情况

三、确定评估层次与方法

（一）确定评估层次

在选择培训评估方法前必须确定评估的层次，因为这将决定培训评估开展的有益性和有效性。

目前，国内外运用最为广泛的培训评估方法，是由柯克派崔克（Kirkpatrick，1959）提出的培训效果评估模型，即柯氏评估模型，在这个模型中，培训效果评估包括四个阶段的评估。

（1）反应层次评估——对培训的组织和实施以及培训本身的质量进行评价。

（2）学习层次评估——评价学员对培训内容的掌握情况。

（3）行为层次评估——评价培训给学员带来的行为上的改变。

（4）绩效层次评估——评价培训是否使学员和组织的工作绩效得到提升。

从培训评估的深度和难度来看，柯氏培训评估模型依次包括反应层、学习层、行为层和绩效层四个层次。从理论上讲，随着培训评估层次的提高，可以看到培训所带来的更深层次的影响，能够发现培训项目的价值。但是，由于包括人、财、物在内的资源因素的限制，不可能对所有的培训项目都进行四个层次的培训效果评估。因此，在开展培训效果评估之前，对于每个培训项目，必须有针对性地选择培训效果评估的层次。

常用的、决定培训效果评估层次的方法是决策树分析法（如图6-3）。通过决策树分析来取舍每个培训课程的评估层次。但是无论是哪一个培训项目，第一层次的评估——反应层次评估都是必需的。

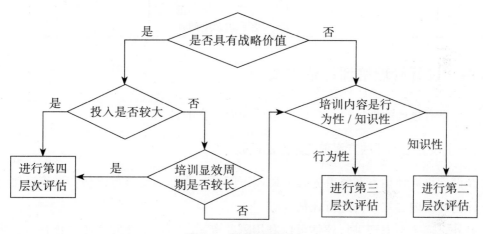

图6-3　决策树分析法

（二）确定培训评估

不同级别的评估需运用不同的评估方法，具体如表6-6所示。

表6-6　培训评估层次与方法列表

层次	评估内容	评估方法	评估时间	评估单位
反应评估	衡量学员对具体培训课程、讲师与培训组织的满意度	问卷调查 面谈观察 综合座谈	课程结束时	培训单位
学习评估	衡量学员对于培训内容、技巧、概念的吸收与掌握程度	提问法 笔试法 口试法 模拟练习与演示 角色扮演 演讲 心得报告与文章发表	课程进行时 课程结束时	培训单位

续表

层次	评估内容	评估方法	评估时间	评估单位
行为评估	衡量学员在培训后的行为改变是否因培训所导致	问卷调查 行为观察 访谈法 绩效评估 管理能力评鉴 任务项目法	培训后三个月或半年	学员的直接主管上级
结果评估	衡量培训给公司的业绩带来的影响	个人与组织绩效指标、生产率、缺勤率、离职率、成本效益分析、组织气候等资料分析 客户与市场调查 客户满意度调查	半年、一年后公司绩效评估	学员的单位主管

四、设计管理培训评估方案

一个卓有成效的评估过程应该经过仔细而周密的计划。

（一）设计培训评估方案前应考虑的问题

在设计培训评估方案时首先要明确以下问题：为什么要进行评估？谁将要接受评估？评估什么内容？如何进行评估等。

另外，还要考虑到进行评估可以利用哪些资源，所在企业的企业文化是否会影响评估进行方式。

（二）培训评估方案的类别

企业管理培训评估方案的设计一般可以分为图6-4所示几类。

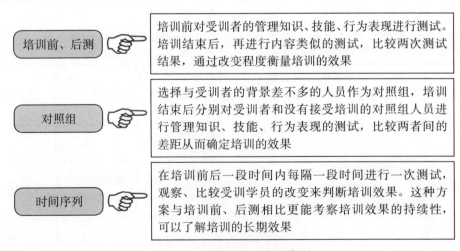

图6-4 培训评估方案的类别

（三）培训评估方案的选择

企业在选择评估方案时应考虑到以下一些因素来确定培训评估方案。
（1）当企业需要根据评估结果来修改培训项目时。
（2）培训计划正在执行中且可能会对许多员工和顾客产生影响。
（3）培训计划包括不同级别的培训班和为数众多的受训者等。

五、实施管理培训评估

（一）收集培训评估数据

进行培训评估之前，培训主管必须将培训前后发生的数据收集齐，因为培训数据是培训评估的对象，尤其是在进行培训三级、四级评估过程中必须要参考这些数据。

1. 培训数据的分类

培训的数据按照能否用数字衡量的标准可以分为两类：硬数据和软数据，如图6-5所示。

硬数据

硬数据是对改进情况的主要衡量标准，以比例的形式出现，是一些易于收集的无可争辩的事实。这是最需要收集的理想数据。硬数据可以分为四大类：产出、质量、成本和时间，几乎在所有组织机构中这四类都是具有代表性的业绩衡量标准

软数据

常用的软数据类型可以归纳为六个部分：工作习惯、氛围、新技能、发展、满意度和主动性

图6-5　培训数据的分类

2. 培训信息的具体项目

在进行培训效果评估之前，必须将培训项目执行前后的信息收集齐全。这些信息形式多种多样，数量庞大，如何能收集得全而不乱呢？最好的方式就是建立培训效果信息库。

培训评估人员应当收集有关培训效果的信息，具体如表6-7所示。

表6-7　培训效果信息库收集信息

序号	类别	具体信息
1	培训目标	培训目标设置等相关信息
2	培训内容	主要包括培训课程、培训方式等

续表

序号	类别	具体信息
3	教材信息	教材的选用、编制和内容设置等方面的信息
4	培训讲师	培训讲师的能力、培训风格和学员的评价等信息
5	日程安排	培训日程安排等信息
6	场地信息	场地位置以及座位安排等信息
7	受训群体信息	是否适应培训形式、知识技能水平、个人情况等信息

3. 培训信息的收集渠道

根据评估内容不同，培训评估人员应选择不同的信息收集渠道，具体如表6-8所示。

表6-8　信息收集渠道

序号	类别	具体示例
1	收集与培训相关的资料信息	培训计划、调查问卷、教材、培训档案、录音和录像资料、相关的会议记录、培训的学习资料、培训机构和培训讲师的资料等
2	对培训管理的工作过程进行观察	培训的准备工作、实施现场、培训过程、受训人员反应、培训讲师的表现以及受训人员的行为改变等
3	对管理者、受训人员和培训讲师进行调查	通过问卷和访谈等方式向管理者、受训人员、培训经理和培训讲师收集对培训的评价

（二）多方参与评估

培训部应对前期的培训评估调查表和培训结果调查表进行统计和分析。将收集到的问卷、访谈资料等进行统计分析整理合并，提出无效资料，同时得出相关结论。

培训评估工作需要花费大量的时间与精力。在实际工作中，企业往往把培训评估工作推到培训师的身上，而目前企业外聘的培训讲师很难去实施培训第三、第四层次的评估，更多地仅限于培训的反应层评估。其实，系统的培训评估应由五方全部介入（如图6-6所示），培训评估的效果才会更好。

企业高层不直接介入培训评估，但通过一些途径来对培训评估产生重大影响，如：批准培训评估可用的资源；要求相关人员参与培训评估；明确表示对培训评估感兴趣，调动企业员工参与培训评估的积极性

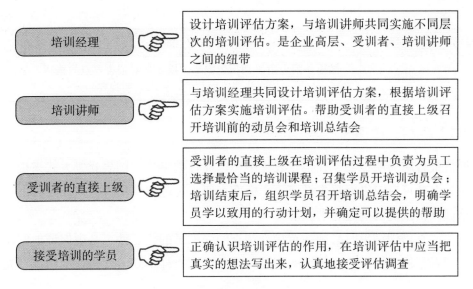

图 6-6　培训评估介入对象

如果一个企业的高层、培训部门、受训者的直接领导、培训师和受训者之间有良好的沟通氛围，培训评估会因各方的努力而更加有效。

六、撰写培训评估报告

在培训评估后需要呈交书面报告，将有关评估过程、收集的信息、分析结果等内容进行整合，形成一份综合性的评估报告。

（一）评估报告的内容

评估报告可以包括表 6-9 所示内容（根据具体需要增减）。

表 6-9　评估报告的内容框架

序号	内容项目	说明
1	导言	导言说明实施的背景，介绍评估目的和评估性质，其次必须说明此次评估方案实施以前是否有过类似的评估。若有，评估者能从以前的评估中发现哪些缺陷与失误。开篇一定要写好，把重要的和要突出的写清楚、写明白
2	概括评估实施的过程	评估实施过程是评估报告的方法论部分，要交代清楚实施的方法以及依据
3	阐明评估结果	结果部分与方法论部分是密切相关的，必须保证两者的因果关系，不能牵强附会。在实施的时候做到了解释、评论评估结果和提供参考意见。因为涉及范围广泛，所以可以为了满足多方面的需求，可以尽量做到详细

续表

序号	内容项目	说明
4	结语	结语并附上附录和报告提要。提要是对报告要点的概括，是为了帮助读者迅速掌握报告要点而写的，要求简明扼要

（二）评估报告的要求

评估报告应简明扼要。在报告表述中可以通过数字式、图表式等方式来说明培训的效果。企业可以对书面报告设定一个标准，便于规范评估报告的格式。

培训评估报告的撰写要求如下。

（1）调查培训结果时必须注意接受调查的受训者的代表性，必须保证他们能代表整个受训者群体回答评估者提出的问题，避免因调查样本缺少代表性而做出不充分的归纳。

（2）企业对培训投入大量的时间和精力，必然力图通过评估来证明培训的价值。在这种情况下，评估者（尤其是内部评估者）在撰写评估报告时要尽量实事求是，切忌过分美化评估结果。

（3）评估者必须综合观察培训的整体效果，以免以偏概全。

（4）评估者必须以一种圆熟的方式论述培训结果中的消极方面，避免打击有关培训人员的积极性。

（5）当评估方案时间持续一年以上时，评估者需要做中期评估报告。

（6）要注意报告的文字表述与修饰。

培训效果评估报告

一、培训评估的目的

员工培训是人力资源管理的重要内容，通过培训能持续提升员工的知识、技能与工作态度，从而为企业战略的实施提供强有力的人才保障，为企业在市场竞争中赢得竞争优势。培训效果评估是培训的最后一个环节，科学的培训效果评估对于公司了解培训投资的收益、界定培训对公司的贡献有重要的作用。

二、评估对象

根据决策树的分析来看，此次关于企业中层管理者的培训属于行为性的，因此，我们决定对于反应层次和行为层次进行分析。

三、效果评估实施方法和步骤

此次关于中层管理者的培训经过为期141天，共三期培训，每一期培训结束后都要进行受训人员的满意度和意见的调查。通过调查问卷的方式，来调查受训人员的满意度，通过座谈法等方式询问受训人员的意见和建议。最后在每期培训结束后都将这些意见和建议进行汇总分析，然后对下一学期培训计划进行修改完善，以帮助我们及时改正培训活动中出现的问题。最后，在第三期培训结束后对这三期培训进行总体的整理和存档，为下一次培训打下理论基础和提供宝贵的经验。下面就反应层次和行为层次两个层次分别进行详细的实施步骤。

（一）学员反应层次的评估

反应层次的评估是指在培训刚结束之后，培训学员对培训项目的主观感受。反应层次分析主要是针对一期、二期结束后进行，信息获得最容易、最直接，是最基本、最普遍的评估方式。这个层次关注的是学员对培训项目及其有效性的知觉。

1. 评估内容

反应层次的评估包括对培训组织实施、培训后勤支持等两个方面的评估。

培训组织实施	培训后勤支持
1. 培训目标是否合理明确 2. 培训内容是否实用 3. 培训教材是否完善 4. 培训方法是否合适有效 5. 培训讲师是否具备相应的教学态度、教学水平和教学方法 6. 培训时间进度安排是否合理	1. 组织培训的整个过程是否有条不紊 2. 培训环境是否满足培训的要求 3. 其他培训后勤支持是否及时、令人满意

2. 评估步骤及方法

（1）步骤一：即时评估。

方式：问卷调查。

具体操作方法：在培训结束之后，由培训助理发放培训评估问卷，就学员对培训的各方面进行问卷调查。之后，由培训助理对问卷进行回收。或者，可以由培训信息管理人员将培训评估问卷通过电子邮件的形式，发放给各个学员，要求学员填写完毕之后，回寄给培训助理。培训评估问卷可以参考附录1：反应层次评估——评估问卷。

（2）步骤二：后续调研。

方式：小组座谈。

具体操作方法：在问卷调查结束之后，从学员中随机挑选一部分员工进行小组座谈，听取他们对该培训项目各方面的意见和建议。访谈提纲可参考附录2：反应层次评估——小组讨论访谈提纲。

（3）步骤三：评估报告。

方式：数据信息分析。

具体操作方法：对上述评估步骤进行定量和定性分析，将培训评估问卷的信息输入统计软件，对培训课程的各个方面进行统计分析；之后，对小组座谈获得的信息进行定性分析；对定性分析和定量分析结果进行整合，撰写培训效果评估报告。

（二）学员行为层次的评估

行为层次的评估要了解员工经过培训，是否在实际的工作中运用了从培训中学到的内容，工作行为是否发生改变。即学员结束培训回到工作岗位上一段时间后（通常是3～6个月，主要依据为某项行为改变通常需要的时间），他的工作表现是否提高了或达到新的标准要求。由于员工行为的改变才是培训的直接目的，因此这一层次的评估结果可以直接反映培训的实际效果，也是企业高层和直接主管更关心的，是培训效果评估中的一项重要内容，但这项评估操作比较复杂。

1. 评估内容

行为层次的评估是为了确定从培训项目中所学到的知识、技能和态度在多大程度上转化为实际工作行为的改进。因此评估的内容主要包括新知识、新技能应用的情况以及工作行为的变化。

2. 评估方法及步骤

较为普及且便于使用的行为评估方法有两种：行为评价量表法和行动计划法。培训管理者可以选择任意一种方式实行评估，或者将二者结合使用，在本次培训中我们考虑到一定的限制性因素选择了行为评价量表法。

行为评价量表是行为层评估中最常使用的工具，由相关人员对学员在培训开始前和培训结束后一段时间的工作行为表现分别进行评价，通过分析评分差异来判断学员在培训后是否采取了相应的行动。

使用行为评价量表进行评估的具体步骤如下。

（1）步骤一：选择评估者

具体操作方法：

根据不同的培训具体内容，评估者可以是学员本人、上级主管、同事、直接下属或客户。通常为了客观起见，会要求学员本人对自身的行为现状进行评估的同时，再选择与学员的工作直接关联的其他人员对学员进行客观评价，在学员的领导、同事、下属或客户当中选择几个具有代表性的人员。这种选择一般是与培训内容直接相关的。例如：培训人员管理技巧时，评估人比较适合选择学员的下属或直接上级；沟通协调能力的培训，则可以选择与学员共同合作的同事或业务经常有来往客户作为评估人。

在确定好评估者之后，由培训管理人员向被选定的评估人进行沟通，向他们说明邀请他们参加评估的目的，并做简要的评价量表填写指导。为了保证评估人提供的意见是客观、坦诚的，需要向被选定的评估人说明他们将以匿名的形式填写评价量表，他们提供的意见将在统计分析之后提供给学员本人作为改进的参考。

（2）步骤二：进行培训前的现状评估。

具体操作方法：在培训实施之前，由培训管理人员发放行为评价量表，被选定的评估者（学员本人、主管、同事、下属或客户）就学员现有的某项行为表现进行评价。之后，由培训管理人员对量表进行回收、统计、存档。评价量表的方法与回收也可以通过电子邮件的形式进行。行为评价量表见附录3。

（3）步骤三：进行培训后的二次评估。

具体操作方法：

确定二次评估的时间。在培训结束后需要间隔一段时间，通常是3～6个月，具体时间应根据培训内容的复杂程度和相关知识技能应用导致行为改变所需要的时间来确定，如评估的是某项具体的技能应用情况，时间间隔可以短些；若是像管理培训这类复杂或综合的内容，时间间隔需要长些，3～6个月，甚至更长。

由选定的评估者填写内容相同的行为评价量表，针对该学员培训后的工作行为表现进行评价打分。具体操作方法同步骤二。

（4）步骤四：分析量表与形成报告

具体操作方法：比较培训前预评估结果与培训后二次评估的结果，从差异分析了解培训内容是否得到了应用，学员的工作行为在多大程度上发生了改变。

评估表中的总分的变化体现学员总体行为是否有改变；单项行动的分数变化体现学员对每一项行动的变化情况。

四、评估效果的总结

通过本次调查，结合学员的结业考核成绩，对此次培训项目给出公正合理的评估报告。学员积极并且配合调研，态度端正、积极。参加过调研的学员在培训中表现优秀，虚心听讲，勇于发言。

受训者总人数的25%参加第一期培训，人力资源部对于第一期培训进行评估和反馈，提出第一期培训出现问题的解决方案和第二批培训的改进措施。受训者总人数的35%参加第二期培训,人力资源部对于第二期培训进行评估和反馈,提出第二期培训出现问题的解决方案和第三期培训的改进措施。受训者总人数的40%参加第三期培训。通过此次3项培训,培训结束后的最终评估,书面保存,为下一次的培训提供宝贵经验。

外部客户通过对调查结果以及评估结论进行判断,最终判断出客户对工作的满意度,从而达到提升的效果。通过判断员工的士气、精神面貌、沟通效率判断出内部员工的满意度。

针对学员的现状,结合本次培训实施情况,提供有系统的培训课程,帮助督导队伍获得全面的、整体的素质和能力的提升。

附录1:反应层次评估——评估问卷

内部培训评估表

培训课程:_____ 讲师:_____ 培训日期:_____

(请帮助我们完成以下评估问题,告诉我们您对本次培训的评估。这将有助于我们全面评估培训工作的效果。您的建议和评价也将极好地帮助我们安排将来的课程,从而能够更好地满足您的需求,读完每一项陈述后,请您在认为合适的数字上画圈,并且写出您的建议。)

1	您如何评价本培训课程的目标	1.不明确、不合理 ☐	2 ☐	3.一般 ☐	4 ☐	5.非常明确合理 ☐
您的建议:						
2	您如何评价本培训课程的培训内容	1.非常不实用 ☐	2 ☐	3.一般 ☐	4 ☐	5.非常实用 ☐
您的建议:						
3	您如何评价本培训课程的培训教材	1.非常不完善 ☐	2 ☐	3.一般 ☐	4 ☐	5.非常完善 ☐
您的建议:						
4	您如何评价本培训课程的培训方法	1.亟待改进 ☐	2 ☐	3.一般 ☐	4 ☐	5.非常恰当 ☐
您的建议:						

续表

		1.非常不实用	2	3.一般	4	5.非常实用
5	您如何评价本培训课程的培训讲师的授课水准（教学态度、教学水平、教学方法）	□	□	□	□	□
您的建议：						
		1.非常不合理	2	3.一般	4	5.非常合理
6	您如何评价本培训课程的时间进度安排（时间长短、快慢等）	□	□	□	□	□
您的建议：						
		1.组织非常差	2	3.一般	4	5.组织非常好
7	您如何评价本培训课程的组织过程(计划、安排是否妥当、全面)	□	□	□	□	□
您的建议：						
		1.非常差	2	3.一般	4	5.非常好
8	您如何评价本培训课程的培训环境（场地和设施是否舒适、方便）	□	□	□	□	□
您的建议：						
		1.非常差	2	3.一般	4	5.非常好
9	您如何评价本培训课程的后勤安排（食宿安排、交通安排）	□	□	□	□	□
您的建议：						
		1.非常没有帮助	2	3.一般	4	5.非常有帮助
10	您是否认为这次培训课程能够有助于你日后的工作	□	□	□	□	□
您的建议：						

续表

		1.非常差	2	3.一般	4	5.非常好
11	总而言之，您对这次培训的评价如何	□	□	□	□	□
您的建议：						
12.为了帮助我们更好地组织此类培训，您还有什么建议？						

员工姓名（可以不填）：

附录2：反应层次评估——小组讨论访谈提纲

小组讨论访谈提纲

一、一般性问题

1. 经过本次培训课程，您最大的收获是什么？
2. 在培训之前您有什么期望？您觉得本次培训达到您的期望了吗？
3. 您觉得本次培训课程最需要改进的地方在哪里？怎么进行改进？

二、细节性问题

1. 本次培训课程的培训目标是否清晰明确？
2. 本次培训课程的培训内容是否实用？
3. 本次培训课程的培训教材有无需要改进的地方？
4. 本次培训课程运用的培训课件是否有效？
5. 本次培训课程采取的培训方法是否恰当有效？能否有助于您对培训内容的理解？
6. 您对本次培训课程的培训讲师的评价如何？
7. 培训讲师是否表现出对培训内容的精深把握？
8. 培训讲师的培训技能如何？有哪些亟待提升的方面？
9. 本次培训课程的时间安排、进度是否合理？有没有控制不当的情况？
10. 您对本次培训的组织有什么评价？有没有什么安排不周到的地方？
11. 本次培训的培训环境是否舒适，您对培训设备是否满意？
12. 您对本次培训的食宿安排、交通安排是否满意？

附录3：行为层次评估——行为评价量表（下属评估）

行为评价量表（下属评估）

作为被评估人的直接下属员工，请判断被评估人在下列各项行为中的表现，在多大程度上符合行为描述,根据你认为的表现程度选择相应的选项。

行为项目	行为表现定级				
1. 经理对我的工作很了解					
2. 经理愿意花时间听我反映问题和意见					
3. 当我工作做出成绩时,经理都及时赞扬我					
4. 经理关心我的工作与生活平衡问题					
5. 经理在工作中会主动寻求我的想法和意见					
6. 经理会主动和我讨论我的经验和特长					
7. 经理会鼓励和帮助我与其他同事的合作					
8. 经理会指出并帮助我改进工作中的失误					
9. 经理给我提供足够的工作锻炼机会					
……					

注:1=非常不符合;2=比较不符合;3=一般;4=比较符合;5=非常符合

附录4:评估报告表

评估报告表

培训项目名称		培训对象	
培训日期		培训单位	
培训目标		预期效果	
培训内容			
培训类型	A 新员工培训　B 管理人员培训　C 技术人员培训		
教材来源	A 讲师推荐　B 培训者自备		
培训方法	A 讲授法　B 工作轮换法　C 研讨法　D 视听技术法　E 角色扮演法		
培训方式	A 在职培训　B 职外培训　C 企业内讲授　D 企业外讲授		
培训费用	A 人事 _____　B 器材 _____　C 杂费 _____		
培训结果运用情况			
此次培训的意义和局限			
改进意见			

七、沟通培训评估结果

在培训评估过程中,人们往往忽视对培训评估结果的沟通。尽管经过分析和解释后的评估数据将转给某个人,但是,当应该得到这些信息的人没有得到时,就会出现问题。在沟通有关培训评估信息时,培训部门一定要做到不存偏见并且有效率。

培训评估是为了改进培训质量、增强培训效果、降低培训成本。因而企业需要建立良好的培训评估反馈系统。培训效果评估结果应反馈给表6-10所示人员。

表6-10 培训评估反馈对象说明

序号	反馈对象	目的说明
1	领导方	拿出翔实的、令人信服的调查数据,让企业高层了解培训的成本及带来的收益,打消高层领导投资培训的疑虑心理,获得更大的资源支持,把有限的培训费用用到最能为企业创造经济效益的课题上来
2	参与方	向培训项目的各个支持部门反馈结果,沉淀成果、揭露不足,总结经验,使其在今后的台前幕后工作中进一步的完善
3	执行方	促使培训师根据培训评估结果,不断升级课程版本,提升培训质量,改善教学效果
4	受训者的直接上级	受训者的直接上级了解受训者通过培训在知识、技能方面的变化,为受训者创造学以致用的环境
5	受训方	培训部把评估结果反馈给受训者,根据结果查找不足,校正行为

如果一个企业的高层、培训部门、受训者的直接上级、培训讲师和受训者之间有良好的沟通氛围,培训评估会因各方的努力而更加有效,同时培训部门和人力资源部的工作也更有效,对整个企业都有益。

第七章
培训成果转化

章前概述

学员能否有效转化培训成果，决定了企业能否实现培训的最终目标。在选择了合适的培训方法之后，企业只有合理地控制影响培训成果转化的因素及其转化过程，促进培训成果的转化，才能真正实现企业培训的价值。

思维导图

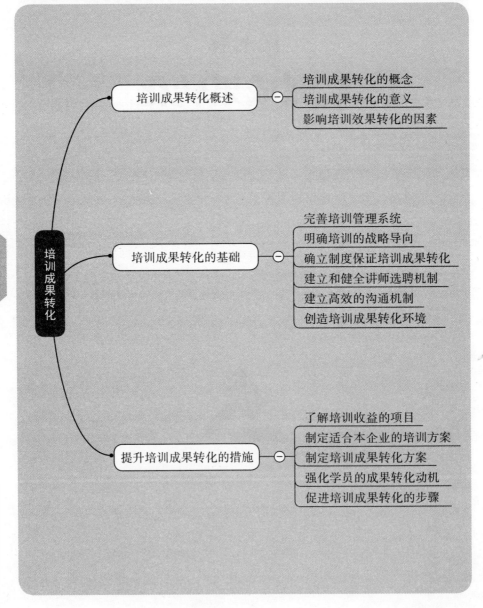

第一节 培训成果转化概述

一、培训成果转化的概念

培训成果转化是指通过培训及课程资源的利用达到预期目标,使培训的内容转化为受训人员的操作技能和行动方式,带动受训人员整体素质的提升,从而带动企业整体业绩的提升以及形成良好的投入产出收益,它强调的是过程与结果并重原则。

二、培训成果转化的意义

（一）提高培训的有效性

培训成果被视为一项人力资源投资,企业力求通过培训提高员工的工作技能和能力,为企业带来更多的利益和价值。培训工作的开展必然需要投入相应的资源,然而很多企业普遍出现培训资源转化率低的问题,致使培训资源投入与产出不成比例增长,甚至出现零增长。培训资源转化率低的原因主要在于培训成果的转化率低,可以说,如果没有培训成果转化这一过程,培训资源投入得再多,也是一种浪费。培训投入只有通过员工的学习,将所获得的各种新能力应用到工作环境当中,转化为相应的个人绩效和组织绩效,才能算是有效的培训。因此,培训成果转化极大地提高了培训的有效性,有助于更充分、合理地利用企业资源。

（二）提升员工的个人绩效

培训成果的转化首先应该是个人工作绩效的转化,培训成功转化率的提高也就意味着员工个人绩效的提升。培训项目是企业根据企业的发展和员工的需求而专门制定的,其目的是提升个人的工作能力,满足企业的发展策略。所有的培训投入都需要通过受训人员的学习和应用得以实现价值,员工要在工作中运用培训所学,改善自己的工作行为,提高工作效率。

（三）增强企业竞争力

培训成果的转化不仅发挥了培训资源的作用,也满足了企业的培训需求,使员工改善自我行为,提高个人效益和组织的总体效益,这从根本上增强了企业的竞争力。

在市场经济下，行业竞争激烈，新技术、新知识不断涌现，企业只有根据需求，投入培训资源，让员工不断充电，学习新的技术和知识，促进培训成果的转化，才能为企业储备人才资本，以便在激烈的竞争之中站稳脚跟。

三、影响培训效果转化的因素

（一）受训人员的状况

1. 个人能力

个人能力也会对培训成果的转化产生影响。受训人员的个人能力主要是指受训人员顺利完成工作并且能够学习培训项目内容所需的技能，是受训人员本身所具有的能力。个人能力包括阅读能力、推理能力、计算能力和认知能力等。如果不具备这些基本技能或某一方面有重大缺陷，就会影响培训效果的学习和掌握，相应的培训转化就更谈不上了。

受训人员在培训中的学习水平经常与受训人员的能力相联系，能力较强的个人能够较好地掌握培训所学的内容，特别是那些复杂的、艰巨的任务，他们也更有可能积极主动地去寻找或获得运用培训所学的机会，以便更好地保持和提高工作绩效水平。

2. 性格特征

在培训过程中，培训讲师经常会发现，采用相同的培训方法和相同的培训内容，不同的受训人员会获得不同的培训效果；即使培训效果相差无几，不同受训人员在培训成果转化的程度方面还会有所差异。在外部条件都一致的情况下，受训人员本身的性格特征会直接影响整个培训过程的效果和培训成果的转化。

3. 转化动机

在个人特征中，转化动机也是一个重要的因素。转化动机是指受训人员转化培训成果的强烈程度，它与受训人员在培训中知识和技能的获得、行为的改变密切相关。如果受训人员不将其培训所得转化为实际的工作绩效，那么企业最终还是没有实现其培训目标。因此，转化动机是培训成果转化的助推器，转化动机受到以下三个因素的影响。

（1）期望。Vroom（1964）的期望理论认为，激励力 = 效价 × 期望。人之所以能够从事某项工作并达成组织目标，是因为这些工作和组织目标会帮助他们达成自己的目标，满足自己某个方面的需要。目标价值越重要，实现目标的概率越高，所激发的动机就越强烈。换句话说，受训人员满意度会带来高绩效。另一方面，通过培训成果转化获得的绩效也可以为受训人员带来满足感，产生内在激励和外在激励。

（2）公平。公平因素把激励过程与社会比较直接联系起来，如果受训人员感觉通过参加培训有可能得到公平的报酬或其他奖励，那么他们就有可能很主动的学习。相反，如果受训人员感觉不到培训有可能给他们带来任何公平的报酬或其他奖励，就会挫败他们学习的主动性和成果转化动机。

（3）目标设置。人们的行为是由目标和志愿所驱动的，具体和高难度的目标能够促进工作绩效的提高。绩效目标与受训人员提高绩效的工作行为有直接的联系，因此制定受训人员在未来某段时间内要完成的目标和任务非常重要。

首先，目标设置为受训人员提供了一个动机基础。如果受训人员知道自己应该朝着哪个目标努力，那么受训人员便清楚要达到既定的目标，还需要做哪些方面的努力。因此，受训人员可以依据目标或任务的需要进行努力。

其次，目标可以指导受训人员的行为，即目标为受训人员提供了完成具体行为的线索，指导了受训人员的注意力和活动方向。

（二）转化氛围

转化氛围是指受训人员所处的工作环境。这些环境包括各种促进或阻碍受训人员应用培训技能或新的行为模式的因素。

（1）管理者和同事对受训人员应用培训技能的态度。
（2）受训人员所处的人际关系对受训者行为改变是支持还是反对。
（3）受训人员的工作特征是否能使他应用新技能。
（4）受训人员能否因为使用新技能或新方法而得到物质和精神上的奖励等。

（三）技术支持

技术支持一般是指当受训人员在工作中运用培训所学的技能时，为他们提供技术上的支持。这个技术支持系统一般利用计算机网络为受训人员提供所需的支持，也可以指专家或指导人形成的支持网络，他们提供的支持有时候更为人性化、更为实用。这是提高培训成果转化率的保障。

一个很好的培训项目，如果没有相关的资源和设备支持，那么受训人员获得的新技能也无法实施。毕竟没有到位的技术支持，受训人员在培训之后就算有再好的创意，也只是徒劳。

（四）运用所学的机会

运用所学的机会是受训人员在实际工作中运用培训成果的机会。这个机会是指企业向受训人员提供或者受训人员主动寻找机会实践培训中学到的新知识、技能和行为方式。受训人员获得了新知识和新技能并不意味着他们完成了培训成果的转化，培训成果转化的关键还在于受训人员是否有运用所学能力的机会。这里所说的机会包括培训内容的使用程度、频率和执行培训内容的难度和重要性。运用所学机会的影响有两方面：执行与学习结束的时间间隔越短转化效果越好，执行的次数越多转化效果越好。

运用的机会受到工作环境和受训人员动机两个方面的影响。运用所学能力的机会一方面由企业内部决定，另一方面还受受训人员寻找应用机会的主动性所左右。如果企业提供了一定的实践机会，而受训人员却不积极地去利用，那么培训成果只停留在个人内部转化的阶段，而无法进一步通过受训人员的实践，将个人内部的转化用于企业培训成果的转化。

（五）培训项目设计

培训项目的内容、方法和使用工具对培训效果的转化影响比较大。首先，在培训项目的设计上要使学习环境和工作环境相似，因为受训人员在相似的环境中使用学到的知识技能比较容易；其次，培训项目的设计要使受训者能够举一反三，通过转换思路或组合原有知识结构来解决不同的问题。

大部分培训的目的不在于从根本上解决受训人员的实际问题，而在于引导受训人员找出最合适、最有效的方法来解决具体问题，也就是我们所说的"授之以渔"。因此，培训方案的设计和培训讲师的选择对培训成果转化的影响至关重要。

第二节 培训效果转化的基础

相比较货币资本、物力资本来说，知识资本（或智力资本）在企业价值创造中的贡献日益突出，而知识资本的形成是投入的时间精力和智力的积累与转化，是个学习的过程。另外，健全培训转化机制，提升转化率，是受训人员在较短时间内提高操作技能与水平，提高工作效率，适应工作要求，提升工作业绩的重要途径，也是受训人员晋升的重要渠道。培训也是灌输企业文化理念、强化受训人员企业认同感、增强企业忠诚度的有效途径。但对于培训转化机制形成的过程应有一定的前提和平台。

一、完善培训管理系统

要改变企业培训成果转化率低的状况，企业就必须从系统思考的角度重新审视培训。

（1）取得高层领导的支持，把培训内容与企业战略紧密联系起来。

（2）培训管理部门与其他各部门共同参与培训规划。

（3）管理影响培训过程的关联环节。
（4）用反馈、激励机制促进培训的发展。
（5）加强培训成果在实际工作中的运用和转化，将学习和工作融为一体。

经验告诉我们，这种把视野扩展到学习活动以外去系统思考培训的方式，反而能提高培训的效率和转化率。

二、明确培训的战略导向

培训要围绕企业的目标和战略进行，让受训人员明白他们所学的新技能与企业发展之间的关系，通过目标激励督促受训人员尽快运用所学培训内容创造效益。这也使培训更加具有相关度，且使每个人都更关注将其培训所学应用于工作的主要目标。

三、确立制度保证培训成果转化

员工培训成果转化需要有制度支持，也需要一定的硬件配置和团队氛围的引导，这些都属于外部的、被动式的因素。

培训工作需要制定相应的培训制度，对受训人员及其直接主管进行组织管理。通过形成培训制度、激励机制等相关管理制度，使受训人员明白自己参加培训后，有了哪些方面的技能和特长，其职位将有什么变动，薪酬待遇将会有什么变化，员工对这些心里有数，参加培训学习就有动力。人力资源部通过设定使用新技能、新方法完成工作的绩效目标，使受训人员思考在培训之后如何具体应用学到的知识技能，能够极大地促进培训转化的效果。如果没有健全的培训制度约束和保证，培训是很难出成果的。

另外一方面就需要企业有一套完整的培训成果转化制度。培训成果转化制度就是一个体系，从培训结束之后，就要开始对培训的成果进行总结，并由参训员工根据自己的工作特性提出利用培训成果改进自身工作技能的具体方法和方案，再进一步实施。

四、建立和健全讲师选聘机制

培训是否能给企业和个人带来有效的收益，选聘讲师是关键，可以说一次培训课不论怎么精心安排布置和宣传，都无法取代讲师选聘在整个培训中的核心地位和作用。因此，不论是公开课还是内训课，要想取得预期的成效，对讲师的选择是关键所在。企业在选择培训讲师时，需要像进行实物资产投资一样做相应的投资分析，不仅要从讲师的从业经历、教育背景、知名度等方面进行考察，更要关注讲师的讲课风格、内容的适用性等。选对了讲师，培训的成功就有了最重要的保证。

五、建立高效的沟通机制

畅通的沟通渠道以及良好的信息传递会大大提高培训转化的效率。培训组织者如果能让受训人员的直接主管在培训前，就了解到培训的主要内容、目的、预期的效果，就可以让受训人员的直接主管对培训有一个全面的认识，并将此次培训与自己的日常管理结合起来，这样，他们对培训的认同度就会提高。在培训结束后，同样与受训人员的主管进行沟通，告知他的下属在什么时间参加了一个什么样的培训，他有什么样的收获，并承诺做出什么样的改变，请其与受训人员进行沟通，协助做好绩效后期跟踪和反馈工作。

六、要创造培训成果转化环境

员工培训后再次开展工作时，需要一个能够利用培训成果进行改进，提高生产力的环境。而且其对原有工作习惯和技能的改进需要上级领导的支持和帮助，很多时候还需要公司提供合适的硬件设施、资金、制度支持等，才能实现自我提升和突破。若领导不支持，同事不配合，企业也没有给员工创造一个过渡期，造成员工创新和突破受到重重阻碍，创新反倒得不到尊重。员工的积极性自然下降，培训成果就难以实现有效转化。

这就要求企业在培训结束后不但要建立培训成果转化的制度，更要从硬件配置和员工的心理引导上进行投入，为员工充分利用培训成果创造一个积极的环境。

第三节
提升培训成果转化的措施

一、了解培训收益的项目

公司或受训人员绩效的提高是否由培训带来的？这是确定培训效果时首先要面对的问题。既不能夸大培训带来的收益,也不能遗漏收益。表7-1列举部分项目供参考。

表 7-1　培训收益项目

序号	类别	项目
1	培训时间减少	降低培训成本
2	产出质量提高	（1）减少质量控制成本 （2）降低材料损耗
3	销售量提高	（1）总体销售量的增加 （2）更多的盈利产品系列 （3）市场占有率提高
4	事故率降低	（1）降低因事故带来的产量减少 （2）减少赔偿支付 （3）避免罚金
5	受训人员流动率下降	（1）受训人员流动率的降低带来的产量增加 （2）减少招聘和选拔成本
6	劳资纠纷减少	监督成本降低
7	资源利用率提高	（1）机器故障更少 （2）停机时间更少 （3）存货水平更低（原材料、在制品和完工产品）

确定培训收益，可以采用以下方法。

（1）明确证实与培训有关的收益可以直接运用相关方法收集。

（2）对于广泛实施的大规模培训，可以先通过试验性培训评价培训收益，然后推算出大规模培训的收益。

（3）对于难以量化的绩效标准，可以选取成功者作为绩效对比标准，比较受训人员在参加培训前、培训后与成功者的绩效差距，以确定培训收益。

二、制定适合本企业的培训方案

不同的企业有不同的战略目标和定位，不同时期也有不同的培训需求和培训目标。因此，制定一个适合本企业需求和发展的培训方案往往决定了企业人力资源投入是否能够有效产出。

培训方案应包括培训目标、培训教材、培训对象、培训方式、培训时间、培训地点和设备等。为了实现培训成果在工作场所中的成功转化，培训方案的设计应具备以下两个要求。

（1）培训方案必须与工作相关。其设计必须来源于对组织、工作任务和员工个人需求的分析，才能避免培训工作的盲目性和随意性，使培训内容与企业实际需求相一致。

（2）培训方案还必须让学员了解培训内容与实际工作之间的关系，以便学员将培训所学的内容应用到实际工作当中。

三、制定培训效果转化方案

（一）实地训练方案

这个方案的设计包括两个方面：一方面培训设计时要加强培训内容与实际工作的相关性；另一方面是培训结束后，受训人员在实际工作中能够有机会运用学到的知识技能。具体方法包括以下两个。

（1）实习训练。在培训课程进行期间让受训者在实际工作环境中进行一些实际工作的演练。

（2）工作设计。为受训人员提供机会执行与培训内容高度相关的任务并在执行后反馈工作成绩。

（二）团队支持方案

根据培训效果转化的影响因素来看，营造培训效果转化的氛围非常重要。本方案的重点就在于通过管理者、同事等为受训人员提供使培训效果转化的工作环境。

管理者可以采取具体的措施来支持受训人员在工作中应用培训成果，具体包括以下内容。

（1）鼓励受训人员采用新技能和新方法完成原来的工作。

（2）降低受训人员采用新技能的风险。例如，允许受训人员使用新技能时引发的暂时绩效下降和工作失误。

（3）与受训人员探讨如何在工作中使用新技能和新方法。

（4）在受训人员使用新技能工作时及时给予表扬。

（5）通过工作设计使受训人员可以运用新技能。

（6）鼓励受训人员向其他同事传授新知识和新技能。

（7）共同参加培训的受训人员可以组成小组，定期讨论运用新知识、新技能遇到的问题，共同寻找答案。

（8）没有参加培训的同事通过学习和赞扬创造支持的氛围。

（9）当同事使用新技能遇到挫折时，及时给予鼓励和技术支持。

（三）关联性激励方案

培训转化中的激励可以使受训人产生学习动机，并主动将所学应用于工作之中，从而提高个人能力和组织业绩。

1. 目标设立

期望理论认为，人们对目标的期望越大，执行任务的动机越强。因此，帮助受训人员在培训时设立有效的期望目标，可以激励受训人员实现培训效果转化。目标包括培训内容与个人需要、培训知识与个人业绩提高、业绩与奖励、奖励与满足个人需要之间的关系等。

2. 目标考核

管理者应当把培训效果转化纳入管理体系之中，对实现成果转化目标的受训人员给予奖励，对没有实现成果转化目标的受训人员给予惩罚。

（四）知识分享方案

知识分享方案也有利于培训成果的组织转化，通过各种形式的知识分享活动，组织可以加大知识传播的范围，其具体内容如表7-2所示。

表 7-2 知识分享方案

序号	类别	具体内容	备注
1	知识分享会	以小组讨论的形式交流学习心得，通过知识的交流和分享共同提高。也叫团队学习或小组学习	
2	知识网络	建立公司中心知识库，将分散在受训人员个人身上的知识通过电脑输入到中心知识库中，受训人员可以通过内部网络寻找自己需要的相关知识	
3	公开演讲	给受训人员提供机会进行公开演讲，让受训人员将自己的学习心得与同事分享	

范本

培训成果转化方案学以致用行动计划表

一、培训背景

车间、班组作为最基层的生产经营组织，其建设管理水平的高低，直接决定了企业的竞争力和可持续发展能力。因此，搞好企业的车间、班组建设管理，是企业一项重要且需要常抓不懈的基础工作。发挥基层管理者在企业经营中的重要作用，为顺应国内国际的发展趋势，以创建学习型团队和优秀班组为载体，不断创新，关注基层管理者的培训培养，公司领导希望本次培训班实现打造企业基层执行力和生产主管、班组长素质和能力提升的目标，并为开展车间、班组建设奠定坚实的基础。

二、培训目标和愿景

本次培训项目将拉开基层班组建设活动的序幕，将通过培训研讨的方式开阔基层管理者的视野，更新观念和知识，发现不足并自省，自动自发地兴起生产主管和班组长学习成长和班组建设、班组改善的热潮。培训结束后将围绕企业的经营发展战略开展创建优秀班组→创新班组→卓越班组等企业变革项目。

希望生产主管、班组长们珍惜这次培训机会，能学有所知、学有所思、学有所为，在积极参与培训和研讨活动的同时，记录课堂中关键价值点，参照标杆、剖析不足，做出行动计划和承诺，并以此表为行动纲领，启动个人和车间、班组改善计划，争创优秀车间、班组，为企业产品质量提升、降本增效、安全生产、提高效率、班组文化建设做出更大贡献。

三、培训的后期转化活动

培训结束后，公司将举行一系列活动促进优秀车间、班组创建活动和培训效果转化活动。

（一）竞赛比武

以竞赛、比武的形式推动效果转化，通过赛场机制的搭建，激活受训者的参与度、积极性。竞赛活动的设计需与效果转化的内容紧密结合，同时对于优胜者进行物质和精神激励。

（二）创星活动

根据效果转化的内容，策划改善提案奖、早晚会模式设计奖、团队模式设计奖、案例之星、改善之星等评选活动，并对获奖的前三名进行奖励。

（三）成果展示

效果转化后期，举行一次成果展示暨表彰大会，由优秀学员总结、展示培训运用的成果。邀请学员的直管经理、公司高层等领导参加，为优秀学员颁奖。

附：学以致用行动计划表（范本）

学以致用行动计划表（范本）

课程名称	金牌班组长综合管理能力提升训练	填写日期	2021年9月12日
职位	设备管理作业长	姓名	×××

续表

本日培训感受最深刻的内容	1. 设备管理目视化的七项内容：工具形迹目视化、点检线路目视化、清扫目视化、紧固目视化、润滑目视化、调整目视化、操作目视化 2. 设备故障发生的原因：40%清扫清固、13%润滑不良、10%磨损老化 3. 利用本日所学，争做一流机修工			
以往工作不足	1. 设备发生故障后没有针对故障原因追根究底，导致故障重复发生 2. 员工自主点检流于形式，甚至出现每日员工点检弄虚作假的不良现象 3. 设备管理缺少考核和奖惩，导致设备管理员责任心不强			
培训后的行动计划	我承诺在以下行为方面改进（至少写3条）		完成日期	验证方法
	1	参照讲师讲授的内容，结合本车间设备实际情况，培训操作工点检与润滑的基础知识	1个月	是否有《培训记录表》
	2	制定《设备巡检表》，设备管理员执行"巡台"制度，使专职巡检与自主点检有效结合	1个月	是否制定《设备巡检表》并执行
	3	与生产部协调，建立操作工交接班设备点检制度，上班未点检下班可不接班。	1个月	询问操作工执行效果
	4	立即修订总装车间主作业生产线《设备点检表》，两班点检内容分开，责任明确化。	2个月	查对《设备点检表》修订状况
	5	在总装车间打造"TPM示范机台"，组织其他车间主任、班组长参观学习（详细方案另行拟定）	3个月	现场查看执行状况
主管签名		效果验证		验证日期

说明：请培训部门在本日培训后的第二天上午收回本表，并在今后工作中督导学以致用的效果。谢谢！

四、强化学员的成果转化动机

个人转化动机是培训成果转化的助推器，它与激励机制息息相关。下面将从两个方面阐述如何通过激励机制强化学员的培训成果转化动机。促成培训成果的转化。

（一）需求激励

需求理论认为，如果一个人的主要需求得到满足，那么他的行为动机和积极性就会被激发出来。员工的需求不仅包括物质需求，还包括精神需求。

无论是企业之间还是企业内部都存在着不同程度的竞争，员工要想在企业内部的竞争中站稳脚跟，寻求发展，就必须不断充实自己，学习新的知识，掌握新的技术，努力提高绩效。这属于物质需求的范畴。也就是说，如果企业能够满足学员寻求发展所需要的知识或技能培训需求，那么该需求的满足便能形成个人的内在激励，激发学员的成果转化动机，实现培训成果的转化。

另外，如果企业能够通过授予荣誉、给予关怀和尊重等手段满足员工的精神需求，那么其培训成果的转化动机则会大大地加强。

由此可见，培训需求分析很重要，培训需求分析不仅是培训项目设计的基础，还为需求激励提供了证据。企业在制定培训项目时，一定不能忽略员工个人需求的满足。

（二）结果激励

激励机制时刻关系着员工个人利益，员工之所以有转化动机，归根结底离不开转化培训成果之后所得到的物质、精神或晋升激励。结果激励最重要的表现形式就是合理晋升。

培训结束后，学员将培训成果积极转化到实际工作中，并获得个人工作绩效的提升，企业不仅应该给予加薪或职务、职称的晋升等外部激励，让学员真切地感受到转化培训成果与获取个人利益之间的纽带关系，激发学员转化培训成果的原动力。

1. 要确保学员明确培训目标

让学员清楚培训的目的是提高个人工作绩效，而不仅是找出他们存在的问题。一个简洁明了又具有挑战性的目标比模糊的目标更能调动人的积极性。培训前最好让学员了解培训项目包含的内容，共同设定具体的目标，提高学员对培训的兴趣、理解能力和努力程度，一起达到理想的培训效果，为培训效果的转化打好基础，并增强学员的转化动机。

2. 学员了解培训后的收益

沟通不仅可以拉近培训讲师与学员的关系，还可以使学员意识到他们的培训需求和职业生涯发展目标。工作中的高绩效能够给他们带来工作、个人以及职业生涯方面的收益，学员意识到目标与现实之间的差距之后，会更有动力去努力增强技能，实践新获得的知识，提高工作绩效，从而建立起努力→成绩→奖励之间的依存关系，这更有助于激发学员的学习转化动机。也就是说，个人转化动机与激励机制息息相关。

五、促进培训效果转化的步骤

一般来说，培训效果转化包括两个方面：个人转化和组织转化，如图7-1所示。

第七章 培训成果转化

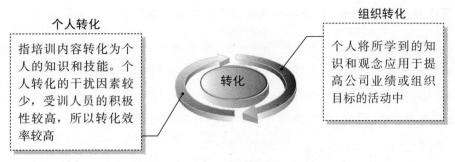

图 7-1 培训效果转化的两个方面

培训效果转化的具体步骤如下所示。

（一）将课程内容转化成受训人员的理解与心得

要求受训人员在学完每一堂课后三天之内，编写培训心得总结。看其理解得如何？领悟得有多深？确保不少于 300 字。并且在心得总结里规定：老师所讲的课程里你必须提炼出关键词、关键句、关键理念、关键课程内容、关键重点有哪些？

（二）将受训人员的理解心得结合工作现状转化成工作改进计划

受训人员需明确提炼出的关键内容准备在今后的工作中如何去做？如何去应用？并检查现阶段受训人员所存在的不足有哪些？以书面方式一一列明，找出工作症结和问题所在。然后结合日常工作，形成书面改进计划，一式三份，一份交上司，一份交人力资源部，一份留给自己在今后工作中对照检查。

（三）将工作改进计划转化成可持续的工作行动

要求受训人员将书面的工作改进计划，迅速落实，观察其培训能力是否达标？同时要检查受训人员平常在工作中做得好不好？对不对？态度有没有改变？行为有没有改变？改进的效果如何？上级主管和人力资源部要派专人督促和检查并给予过程辅导，使受训人员保持和形成持续改进的工作局面。

（四）将工作进改行动转化成工作绩效

要求受训人员在工作改进行动过程中，将学到的知识、理念、技能进行消化和实施执行，主要有三个方面。

（1）老师讲到的，能做到多少？

（2）自己感悟和提炼出来的能做到多少？

（3）在工作中产生了哪些业绩？要从工作数量、质量、成本、时间、速度等维度进行提炼，以确认工作绩效，做好绩效评估和绩效面谈检讨。

（五）将工作绩效进一步评价和深化，产生再学习动力

要求受训人员和他的上级主管坐在一起，分阶段对受训人员的工作绩效进行评价、绩效面谈和反馈，共同找出工作中的一些不足和存在的主要问题，上司要帮助受训人员进行总结和提炼，还需要哪些方面的再培训？再改进？以产生进一步的培训主题和新的课程内容，然后形成新的培训计划，再进行有效培训学习。

（六）培训成果认定和发表

企业人力资源部和其他部门，要定期组织企业内部培训成果表彰大会。看受训人员通过学习，培训成果转化得好不好？并进行评价、认定和表彰。对取得重大培训成果的受训人员，要进行晋升、加薪、榜样示范等方式予以鼓励。培训成果的认定和发表必须要有组织、有章程、有制度，定期进行，形成全公司全员参与，全员学习，全员投入，全员享受成果的良好培训风气和氛围。以此来调动大家的学习积极性和工作热情。

参考文献

[1] 周正勇,周彪.员工培训管理实操从新手到高手.北京:中国铁道出版社,2014.

[2] 马成功,梁若冰,鲍洪晶.培训管理从入门到精通.北京:清华大学出版社,2019.

[3] 王凤红,郑晓峰.员工培训管理精细化实操手册.北京:中国劳动社会保障出版社,2010.

[4] 高伟.企业培训管理实操一本通(制度+案例+表单+法规).北京:中国铁道出版社,2020.

[5] 任康磊.培训管理实操从入门到精通.北京:人民邮电出版社,2019.

[6] 何欣.重新定义培训:让培训体系与人才战略共舞.北京:中国法制出版社,2018.

[7] 李亚慧.培训管理方法与工具.北京:中国劳动社会保障出版社,2013.

[8] 易虹,朱文浩."技控"革命:从培训管理到绩效改进.南京:江苏人民出版社,2017.

[9] 石庆敏.HRD员工培训管理实操全流程演练.北京:中国铁道出版社,2018.

[10] 陈锐.世界500强资深培训经理人教你做培训管理——和东风汽车学培训管理(博瑞森图书).北京:企业管理出版社,2016.

[11] 王瑞永.培训管理制度.北京:人民邮电出版社,2011.

[12] 周文,谈毅,方浩帆.培训管理体系的建立:安盛人力资源管理师操作实务手册.长沙:湖南科学技术出版社,2005.

[13] 高虎.培训管理者的实践.南京:江苏人民出版社,2016.

[14] 权锡哲.培训管理关键点精细化设计.北京:人民邮电出版社,2013.

[15] 王胜会,杨化狄.培训管理制度与表单精细化设计.北京:人民邮电出版社,2013.

[16] 韩斌.培训管理工作手册.北京:人民邮电出版社,2013.

[17] 李作学.培训管理工作细化执行与模板.北京:人民邮电出版社,2011.

[18] 王燕.培训管理实务.北京:中国财富出版社,2010.

[19] 白睿.培训管理全流程实战方案.北京:中国法制出版社,2019.

[20] 王胜会,杨化狄.培训管理制度与表单精细化.北京:人民邮电出版社,2013.